中國典籍日本注釋叢書

孝經卷

2

孝經啟蒙
孝經纂注
孝經私記
古文孝經攝字注

[日]中江藤樹 等撰
張培華 編

目録

孝經啟蒙

[日]中江藤樹 撰

孝經原家

藤樹中江先生傳

先生諱原，字惟命，中江氏，號藤樹。（或曰先生生于藤樹下，因以爲號；又曰先生書堂有古藤樹，講書其下，門人稱曰藤樹先生。未知孰是。）又有頤軒、默軒等號。慶長十三年三月生于近江高島郡小川邑。父某隱于農。祖父吉長事米子侯（加藤某），養先生爲嗣。先生年甫九歲，嶷有氣節，舉止異凡兒。元和三年，侯移封于豫州大洲，先生從焉。比十一歲，讀《大學》「自天子以至於庶人，壹是以修身爲本」，嘆曰：「幸此經之存，聖人豈不可學而至焉乎？」先生又讀書佛寺，一日謂寺主曰：「小子聞之，釋迦之生指天指地曰天上天下唯我獨尊誠如是也釋迦者天下一傲慢人耳和尚何爲敬之年十七有僧從京師來講論語時大洲之俗專講武事不喜文藝獨先生就學僧居僅月餘而去因購得四書大全甚悅之然深憚物議晝與諸子講武夜則篝燈誦讀以興聖學爲己任嘗訪兒玉某宅荒木某者在坐目先生曰孔子來矣先生怫然曰醉人何言孔子卒千有餘年于此汝今呼我謂孔子者嘲我乎將慢聖人也我之好文學士之道也士而無文者謂之奴僕某愧而謝之先生天資純孝居

恒憂老母之獨在故鄉窮窶無舍乃乞暇歸省欲携歸母不欲涉波濤如他邦不得已獨返屢陳情請致仕侯素奇其爲人也不許乃誓以不事二君以請又不許乃悉傾家貲償債又糴米若干斛藏廩封閉棄官而去時年二十七返小川邑無以爲衣食乃以餘錢百文買酒賣諸農戶又鬻佩刀一口以換米數石彼是鬻賣以充養定省之暇聚徒講洛閩之書既而悅姚江之說以存養本心爲務吾邦唱王氏之學蓋始于先生也其接人和顏温語從容安定平居未嘗疾言遽色帥人以躬雖

田夫某婦一見如飲醇酒盎然而醉鄉黨有爭必質之其庭旅舍老肆有客所遺物必束之閣以待遺者之復來嘗之京師轎中說心學轎夫感動流涕其德之薰人率此類也一時稱曰近江聖人是時備前侯松平光政好學欽先生之爲人使人聘之先生辭以疾薦熊澤伯繼以代之侯登庸之一國歸風天下稱侯賢侯渴仰先生益切每往來于江都過大津必招之討論政務十九年著孝經啓蒙欲改正而未果慶安元年八月二十五日以病沒年四十一大洲侯嘗問心術於僧盤珪盤珪曰君

不知中江原之賢何心術之問侯聽之遣使召先生先生辭曰嚮者臣之所以去者不得已也臣早喪父祖獨有母在亦無它兄弟惟臣焉依義不可棄也既而先母沒備前侯聞先生之訃大悼惜遣伯繼贈賻設神主春秋祭之小川邑之民至今尊崇先生不舍過其故居則必拜雖貴人必下輿馬云所著有江西文集學庸解論語鄉黨翼傳翁問答鑑草等長子宜伯與二弟俱仕于備前後各謝病而去

論曰余嘗閱先生所著林氏剃髮辨獨怪先生而有此

論後及讀年譜乃知其作在先生弱冠圭角發露不自覺也而僅僅十餘年間其道德之成就至有近江聖人之號則其變化氣質者實不誣也後世稱諸儒之德行者必以先生爲巨擘豈不宜哉

安中城主板倉勝明子赫撰

孝經啓蒙

江西　中江原惟命著

孝經。經曰。夫孝天之經也地之義也民之行也。天地之經。而民是則之。此乃孝經二字之本義也。此經專發明其體統。故命之曰孝經。孝與經非有二。孝其體統之總號。經所以明其神化不測也。字義詳解見於翼傳。

仲尼。孔子字也。

閒居。謂閒暇居處之時。

曾子。曾氏名參。字子輿。接孔門之道統人也。子者。男子之通稱也。稱曾子者尊之也。

侍坐。卑者在尊者之側曰侍。侍有坐有立。以侍於間居。故坐也。

子曰。正義曰。古者謂師爲子。

先王。先泛指古先盛世而言。董仲舒曰。古之造文者。三畫而連其中謂之王。三者天地人也。而參通之者。王也。孔子曰。一貫三爲王。愚按。有三才一貫之道德者。即聖人也。古者在王位者。必有聖德。有聖德者。必通下恐脫之字。

登王位王卽聖也聖卽王也故不謂先聖而謂先王。
而聖在其中矣。
至德。至者極也善也大也達也極善大而無不通義
也德者天性之總號善美正大光明純懿之稱也樂
記曰德者得也言人之所得乎天而無人而不自得
也德本自極善大而無所不通者也而孝其全體本
實也故曰至德。
要道。正義曰以一管衆爲要易簡一貫之義也率性
之謂道卽德之感通也道本易簡一貫者也而孝其

全體本實故曰要道至與要互相發明至故要要故至也。

順天下。　順從也和也從性而無所乖戾無不通利之義所謂仁者順之體也至德要道之順天下人心之所固有也故先王用至德要道之順以風化天下而天下之人各與至德要道之順而無一夫之不獲此之謂順天下經所謂以順則記所謂大順是也不曰治而曰順者所以明德化之自然而无思不服也。

民用。　民人也指諸侯卿大夫士庶人天下之人而言。

用。謂心術躬行受用在德也。

和睦　和順也相應也睦親也敬和也言五倫之交順理相應敬以相親和而無所乖戾也。

上下無怨。　中庸所謂在上位不陵下在下位不援上正己而不求於人則無怨上不怨天下不尤人是也。天包人故不言尤而尤在怨中矣。

避席。　席坐席也禮師有問避席起對曾子侍師而坐故敬孔子之問避席而起。

不敏。　敏速也不敏猶言遲鈍此辭讓而對也。

大。夫者發語之辭亦指示語。
德之本。本木之根幹枝所由以生也仁義禮知根心。而孝又爲五性之本實故曰德之本以明至德二字之義。
教之所由生。中庸所謂率性之謂道修道之謂教聖人一言一動以至禮樂刑政皆無非教然其要在于五典而孝又爲五典之樞要人心本自由有固有之要道而教化之神速生生活潑至於愛敬盡於事親而德教加於百姓刑於四海故曰教之所由生也生字謂生生活潑潑地。以明要道二字之義也。

復坐。復還也。夫子之言未竟，又將更端而語之，以曾子避席起立，故命之還坐而聽也。

身體髮膚。身總言其大體，謂四肢髮毛；髮膚皮膚。此身體髮膚，不可認作血肉之身體髮膚，可作道器合一之身體髮膚看。蓋人之身體髮膚本性命之凝聚，而無道器之分，道即器，器即道也。所謂仁者人也，形色天性也，惟聖人然後可以踐形是也。人失其本心，而后道與器分離，而初爲血肉之空殼子而已。

不敢毀傷。敢。忍爲也。不敢。猶言不忍也。毀。謂虧辱。傷。謂破損。所謂戒懼愼獨是也。

孝之始。言從孝德發見之最初而明孝德之起頭處也。

立身。立。成也。堅也。全其本然而渾成貞固之意。身。謂道器合一。萬物一體的身。勿作血肉空殼身講。

行道。道。卽要道也。行道者。卽上文以順天下民用和睦是也。立身行道非兩事。立身所以立行道之體也。行道所以達立身之用也。然體用一源。功夫無二致。

只就己而言之。謂立身。就與人交而言之。謂行道而已。

揚名於後世。　揚。傳播也。名者。實之賓也。謂揚後世者。所以明其名自然之公論而不朽也。此舉名之不朽。以明至德無終始而不朽。只勿泥揚名上而講。

以顯父母。　以指所立身行道揚名言。顯。明也。著也。與宗廟致敬。鬼神著矣之著同意。吾與父母本一體。而無間隔。故吾立身行道。則父母鬼神著而享之。吾名傳播。則父母之名。亦因以光顯也。

孝之終。終。如終條理之終。謂孝行成功盡頭處。言孝行始與不敢毀傷之戒懼。而終成於立身行道揚名顯親也。

始於事親。中於事君。此始中言行道之本末先後也。始於事親者。以示百行不原于不敢毀傷之孝心。則悖德悖禮。而雖得之。不足貴者也。中於事君者。泛謂孝德之感通君臣夫婦長幼朋友之交君臣之義最重。故舉君臣以包其餘。

終於立身。終。非始終之終。畢竟歸宿之意。此一句一截之結句也。不可對始于事親。中于事君而看。言自不敢毀傷。以至立身行道。揚名顯親。五倫之交。日用百行。畢竟歸著於立身也。

大雅云。 詩大雅文王篇。凡此經引詩書者。有三義。一証之。示言不虛發也。一用爲結前起後之語。一取咏嘆優遊。有以感發人之善心也。

無念爾祖。聿修厥德。 無念。猶言豈得無念也。爾泛指人言。祖。指生之本言。身之本父母也。父母之本。推之至始祖。始祖之本天地也。天地之本大虛也。舉一祖而包父母先祖天地大虛。此一句咏嘆不敢毀傷之蘊。聿。述也。厥。其也。指祖而言。德即至德也。此一句咏嘆立身行道。揚名顯親等蘊。

愛親。　愛者。順德之愛。發而中節之和。經所謂博愛也。親。父母也。下敬親之親放此。須包先祖天地大虛看。

不敢惡於人。　不敢。即不敢毀傷之不敢也。不敢惡者。即親愛也。不曰愛而云爾者。以示不忍人之心。不能已者也。人包天下之五倫言。下不慢於人之人放此。

敬親。　敬者。順德之敬。發而中節之和。經所謂敬一人。

而千萬人悦之敬也。

不敢慢於人。 不敢者。亦不毀傷之條目也。不慢者。敬也。不曰敬。而曰不敢慢者。以示不忍人之心不能已也。

愛敬盡於事親。 盡者。極其全而无遺之意也。愛之極爲敬。敬之至爲齊。齊戒洗心到得。浩然之氣塞乎兩間。赫然之光照乎四表。方纔是謂愛敬盡於事親。堯克明峻德是也。

德教。 德卽至德也。教修道之教。存神過化。自然之教化也。大學所謂上老老而民興孝。上長長而民興弟。上恤孤而民不倍之意也。德教。卽上文所謂愛敬盡于事親是也。

加於百姓。　加。施也。著也。與君子之德風。小人之德草。草上之風必偃之上字同意也。疏曰。百姓。謂天下之人。皆有族姓。言百。擧其多也。尚書云。平章百姓。則謂百姓爲百官。爲下有黎民之文。所以百姓非兆庶也。此經德教加於百姓。則謂天下百姓。爲與刑於四海相對。四海旣是四夷。則此百姓自然是天下兆庶也。

堯之親九族。九族既睦。平章百姓。百姓照明。協和萬邦。黎民於變時雍是。

刑於四海。 刑法也。爾雅曰。九夷八狄七戎六蠻謂之四海。疏云。海之爲言晦。晦闇於禮義也。刑於四海者。中庸所謂舟車所至。人力所通。天之所覆。地之所載。日月所照。霜露所隊。凡有血氣者。莫不尊親。故曰配天之義也。堯之光被四表。格於上下。是也。

蓋。 大凡也。言略舉其綱要也。

天子。 帝王之爵。表記云。惟天子受命於天。故曰天子。

白虎通云。王者父天母地。亦曰天子。虞夏以上。未有此名。殷周以來。始謂王者爲天子也。

甫刑。即尚書呂刑也。尚書有呂刑。而無甫刑。孔安國云。後爲甫誤。故稱呂刑。

一人。天子也。

有慶。慶善也。福也。有慶言有以愛敬盡於事親之善。

而受富保四海之福。

兆民。十萬爲億。十億爲兆。姓言百。民稱兆。皆舉其多也。

賴之。賴蒙也。之指有慶之慶。賴之言兆民蒙天子至德之福蔭。而家家和睦。人人無怨。所謂德教加於百姓。刑於四海是也。

居上。居一國臣民之上也。

不驕。驕矜肆也。不驕謂卑以自牧。稱物平施。

高。謂諸侯貴爲一國之主。其位之崇。如自高臨下。

危。謂勢將隕墜也。

制節。制止也。節謂時措之天則也。制節。易所謂制數度。議德行。不傷財。不害民。

謹度。度。法制也。法之一定。如度有分限也。謹度。謂謹守諸侯可守之法度也。

滿。謂諸侯之富有一國之財。其祿之豊。如水滿器中。

溢。如水之溢出。

貴。位尊曰貴。此謂諸侯之貴。

富。財足曰富。此謂一國之富。

保。謂不亡失。

社稷。正義曰。天子大社。東方青。南方赤。西方白。北方黑。中央黃。上若封四方諸侯。各割其方色土。苴以白茅而與之。諸侯以此土封之爲社。明受於天子也。社土神。稷五穀之長。亦爲土神。按左傳云共工氏之子曰句龍爲后土。后土爲社。有烈山氏之子曰柱爲稷。自夏以上祀之。周棄亦爲稷。自商以來祀之。言句龍柱棄配社稷而祭之。卽句龍柱棄非社稷也。稷壇在社西。俱北鄉並列。同營共門。

和。謂各率用孝德相愛敬而無所乖戾也。

民人。民是無位者。人是有位者。

諸侯。謂五等國君。公九命。侯伯七命。子男五命。

詩。小雅小旻之篇。

如臨深淵。如履薄氷。此二句。以形容不敢毀傷之敬心。是乃全孝之心法。愼獨之要也。

先王。卽發端先聖王也。

法服。法字必不可作制作定法看。可作中庸活法看。服者。身之表也。上曰衣。下曰裳。通言之。皆曰服。

不敢。卽不敢毀傷之不敢也。下放此。

法言。此法亦中庸活法也。言。言語也。集解曰。擇道而言。曰法言。

道。言之也。

德行。德包性道而言。行躬行也。率德而行。曰德行。

非法。謂不合中庸之活法也。

非道。謂不率性道德言。

口無擇言。言自其口出。一皆心之中庸。則無可揀擇

是非之言。

身無擇行。言其躬行。一皆率性道。則無可揀擇是非

之行也。

言行滿天下。卿大夫立朝。則接對賓客。出聘則將命

他邦。故言行滿天下。

口過。　謂言不合法。出口有差。

怨惡。　謂行不合道。召怨取惡。

三者。　服言行也。

備。　謂服言行。全守中庸而無虧欠也。

宗廟。　宗。尊也。廟。貌也。言先祖之尊貌之所在也。爾雅

室有東西廂曰廟。

卿大夫。　說文云。卿。章也。白虎通云。卿之爲言章也。章

善明理也。大夫之爲言大扶。扶進人者也。故傳云。進

賢達能謂之卿大夫。此卿大夫謂王朝侯國之臣。按周禮。王之卿六命。大夫四命。子男之卿再命。大夫一命。今連言者。以其行同也。

詩。大雅烝民之篇。

夙夜匪懈。夙。早也。匪。猶不也。懈。惰也。匪懈。謂敬勤。

以事一人。以。以夙夜匪懈之敬勤也。一人。天子也。

資於事父。資。取也。與秉執中之秉執同。守而不失之意。事父。謂一本之孝德。以明無非往而事父之孝也。

以事母。以指資於事父事母。卽一本感通於事母之孝也。

愛同。謂愛母與愛父同一孝德之感通也。愛敬本相爲表裏。無敬之愛。非天性之愛。無愛之敬。非天性之敬。故言愛則敬在其中矣。言敬則愛在其中矣。事母之孝。愛爲表。事父之孝。敬爲裏。故以愛爲事母之孝也。

以事君。以指資於事父事君。卽一本感通於事君之忠也。

敬同。謂敬君與敬父同一孝德之感通也。事君之忠。敬爲表。愛爲裏。故以敬爲事君之忠。

故。承上起下之辭。下効之。

母取其愛而君取其敬。取卽與上文資同意。兩其字指至德言。事母則不失至德之愛。事君則不失至德之敬也。

兼之者父。兼。并也。包括之意。之字指至德之感通。董子曰。人必有本。父者生之本也。愛與敬。父兼之。所以致隆于一本也。

以敬事長。敬即事父之敬也。君曰孝。長曰敬。有輕重之微意。疏曰。大夫以上皆是士之長。愚謂須包三達尊之長于己者看。

忠順。馬氏曰。忠者中也。至公無私。一其心之謂也。順亦悌也。記曰。長惠幼順。

爵祿。爵謂爵位。所居之官也。祿謂稟食。

祭祀。疏曰。祭者際也。人神相交際也。祀者似也。謂祀者似將見先人也。

保守。疏曰。稱保者安鎭也。守者無逸也。社稷祿位是公。故言保宗廟。祭祀是私。故言守也。

士。說文曰。數始於一。終於十。孔子曰。推一合十爲士。白虎通曰。士者事也。任事之稱也。傳云。通古今辨然不然。謂之士。此士謂王朝侯國之小臣及卿大夫之家臣。王之上士三命。中士再命。下士一命。公侯伯之士一命。子男之士不命。

詩。小雅小宛之篇。

夙興夜寐。謂日乾夕惕。無間斷也。

無忝爾所生。無與母通。禁止辭。忝辱也。所生謂我所生之本。即父母先祖天地大虛是也。虞氏曰。人生如蜾蠃。兩箇形體相負乃得化生。父母生我。不必言了。凡全我化我的人。皆有生我之恩。當朝夕戰戰兢兢。無忝所生。云是孝子無忝爾所生。猶言毋仰愧於天。俯怍於人。

用天之道。　謂天道流行。爲春生夏長。秋收冬藏。四時之運也。以春耕。以夏耘。以秋收。以冬藏。此之謂用天之道也。

因地之利。　利。宜也。地之利謂五土之宜。因地之沃衍隰皁而稻粱黍稷各隨所宜此之謂因地之利也。

謹身。謂小心敬謹以修其身不爲非僻不犯刑戮也。

節用。節謂量入爲出不妄費用謂衣服飲食喪祭賓客之用也。

以養父母。以以謹身節用也養包養口體養志言謹身所以養志也節用所以養口體也。

此。自天子至士孝行廣大其章略述宏綱所以言蓋也。庶人用天因地謹身節用其孝行已盡故曰此。

庶人。正義曰庶者衆也謂天下衆人也皇侃云不言通上恐脫不字。

衆民者。兼包府史之屬。通謂之庶人也。嚴植之以爲士有員位。人无限極。故士以下。皆謂庶人。

故。連上之辭。包上文六節。

已下。已下二字。正指前所謂諸侯卿大夫士言。

孝無終始。孝在混沌之中。而其生無始。推之后世而無朝夕。無時非孝也。無所不在。無所通。生生無終。須臾不可離者也。

患不及。患慮也。苦也。如患得之之患。及至也。孝無所不及。故民用患不及者。未之有也。

未之有。反言以深警戒之。言自古及今。未有此理也。蓋爲決言。以勉人之力於行孝。

甚哉章

甚哉。甚大過也。深也。甚哉。有贊美不盡之意。

孝之大。天下莫能載曰大。大者。孝德之本然之量也。因夫子之教。而曾子有見孝德无外之量。故以大嘆美之也。

天之經。經。常也。如布帛在機之直縷。條理一定而不易也。蓋天之道。生生無息。一陰一陽。天理一定而不易故取象。以經爲天道之殊稱也。

地之義。義者宜也。順理裁制之謂也。注疏云。利物爲義。地之道順承天而成物。利莫大焉。故以義爲地道之殊稱也。

民之行。民人也。行者流行無滞碍之意。易曰天行健。君子以自彊不息。蓋人之道以率性而行。无所滞碍爲常。故以行爲人道之殊稱也。

天地之經。天包地。故舉經而義在其中矣。凡經者道之總號也。

民是則之。　是指人性言。則猶準也。又效法也。資而不違之意。下則字同。之字指天地之經言。則之非意之自然而則之也。人性資天地之經而不違。譬如月之受日光而明不違。

則天之明。　則與中庸所謂律天時之律同意。明亦天德之別名也。易曰乾以易知。正義云光明四通日月星辰布設張列。通精無門。藏神無穴。不煩不擾。此其易也。故以明爲天道之殊稱。

因地之利。　因與中庸所謂襲水土之襲同意。利亦天道之別名也。易曰。坤主利。又曰。利者義之和。言地之生物。順天理之宜。而無所乖戾。是以無不利。故以利爲地道之殊稱。

其教。　其指則天明。因地利。言教卽至德之至教也。

不肅而成。　肅。峻急也。成。謂民則而象之。不肅而成。言上行下効。甚易而捷也。

其政。　其指則天之明。因地之利。言政之爲。言正也。設法制禁令。而所以正人之不正也。洪範八政是也。

不嚴而治。　嚴。教命急也。威也。治。謂民恥格而不亂也。

不嚴而治。言上令下從。不用威猛而治也。

先王。即發端所謂先王。

見教之可以化民。見與易所謂聖人有以見天下之動而觀其會通。以行其典禮之觀見同意。教即上文其教不肅而成之教也。馴致于善。謂之化民人也。

先之。先事而爲曰先之。指教而言。

博愛。博大通也。愛至德之愛也。至德之愛至大而無所不通。故曰博愛。所謂愛敬盡于事親而德教加于百姓。刑于四海。孝弟之至。通於神明。光于四海。無所不通是也。

民莫遺其親。民人也。遺猶棄也。莫遺謂愛敬之也。其指民而言。親父母也。

陳之。陳布也。之指教而言。

德義。德者得也。行道而有得于心也。義者宜也。所以裁制事物使合宜也。德義猶言心法也。心法所以行道而有得于心之裁制使合宜也。書所謂五典。周禮所謂六德等是也。

民興行。民人也。興謂有所感發而興起也。譬如寐者之有所驚而寤起也。行所謂民之行也。

敬讓。讓謙也。敬讓本一德。相爲表裏。即上文所謂愛敬盡于事親。而德敎加于百姓。刑于四海之敬也。

民不爭。民人也。不爭謂和睦而無怨也。

道之。道啓迪也。之指敎而言。

禮樂。禮謂制度品節。所以別嫌明微。儐鬼神。考制度。治政安君也。樂有五聲十二律。更唱迭和。以爲歌舞八音之節。所以平情導和。通神明。合天人。通倫理者也。

示之。說文云。示天垂象見吉凶所以示人也。从二三垂日月星也。聖人垂教亦如此。故曰示之之指教而言。

好惡。謂好至德惡悖德也。中心有好至德之實。則其所以加賞。皆是受用至德之人也。中心有惡悖德之實。則其所以施刑者。盡是悖德之人也。此之謂示之以好惡。

民知禁。民人也。禁止也。知禁。謂民耻于不善而知禁止非心。

詩。小雅節南山篇。

赫赫師尹。　赫赫明盛貌。師大師官名。周三公之一也。

尹其時居大師官人之氏也。

民具爾瞻。　民萬民也。具皆也。爾汝也。言在上者人所

瞻仰而上行下効甚易而速也。而又包垂戒之意。

昔者。　指古先盛世而言。凡曰昔者。其意有二。一以爲

証示可尊信之義。一以示戒愼而可知所取法也。

明王。　易曰。大人與日月合其明。日月之容光照臨於

六合。聖人之德耀。亦光被于四表。故曰明。明王即發

端之先王也。以代言之。謂之先王。以德言之。則爲明王。不曰聖王而曰明王者。所以示其聖神功化光明四通。不可尚之本然也。經所謂孝弟之至。通于神明。光于四海。無所不通者是也。

以孝治天下。　經所謂愛敬盡於事親。而德敎加於百姓。刑於四海者是也。只不曰治天下而曰以孝治天下者。所以明非明王則不能以孝治。縱雖有幸致治者。不以孝則悖德悖禮。而不足貴。而非王道也。

不敢遺。　遺忽忘也。不遺者愛也。不敢者敬也。卽上文所謂愛親者。不敢惡於人。敬親者。不敢慢於人。是也。

小國之臣。 謂附庸之國主也。土地褊小。不能五十里。附於諸侯。曰附庸。呉子曰。小國之臣。子男之卿大夫。子男五十里。爲小國。伯七十里。爲次國。公侯百里。爲大國。愚按二説雖於理無害。而前説爲穩當也。

況。 譬擬也。

公侯伯子男。 謂五等之諸侯也。孟子曰。公一位。侯一位。伯一位。子男同一位。公侯皆方百里。伯七十里。子男五十里。凡四等。不能五十里。不達於天子。附於諸

孝經啓蒙

侯。曰附庸疏云。公者正也。言正行其事。侯者。候也。言斥候而服事。伯者長也。爲一國之長也。子者字也。言字愛於小人也。男者任也。言任王之職事也。

得。保而不失之意。下放此。

萬國。猶言萬方。是舉多而言之。不必數滿於萬也。

懽心。懽與經所謂敬其父則子悅之悅同。孟子所謂以德服人者。中心悅而誠服也。下放此。

以事其先王。以以得萬國之懽心也。其指明王而言。

疏云。經先王有六焉。一曰。先王有至德。二曰。非先王之法服。三曰。非先王之法言。四曰。非先王之德行。五曰。先王見教之。此皆指先代行孝之王。此章云以事其先王。則指行孝王之考祖。吳子曰。天子無生親可事。故曰以事其先王。

不敢侮。侮謂慢忽之而不矜恤。不侮愛也。不敢敬也。上文所謂不驕制度謹度是也。

鰥寡。老而無妻曰鰥。老而無夫曰寡。舉此二者。以包無告窮民。

士民。一命以上爲士。民則庶人也。諸侯有卿大夫。只言士民亦舉小以見大耳。

百姓。　通百官族姓士民鰥寡而言。

以事其先君。　以以得百姓之懽心也。其指治國者而言。呉予曰諸侯亦無生親可事。故曰以事其先君。

治家者。　謂卿大夫及士庶人。治家以孝治其家也。

不敢失。　失謂不得其心也。不失者愛也。不敢失者敬也。上文所謂不敢毀傷。立身行道是也。疏曰明王言不敢遺小國之臣。諸侯言不敢侮於鰥寡。大夫言不敢失於臣妾者。劉炫云遺謂意不存錄。侮謂忽慢其人失詞不得其意。小國之臣位卑。或簡其禮。故曰不敢遺也。鰥寡人中賤弱。或被人輕侮欺陵。故曰不敢侮也。臣妾營事產業。宜須得其心力。故曰不敢失也。臣妾。疏曰。臣妾是奴婢家之賤者也。妻子。是家之貴者也。人。包妻子臣妾一家之人而言。以事其親。以。以得人之懽心也。其指治家者而言。親。父母也。疏云。天子諸侯繼父而立。故言先王先君也。大夫唯賢是授。居位之時。或有俸祿以逮于親。故曰其親也。

夫然。董氏曰。夫然。猶言惟其如此也。

生。謂父母存時也。

親安之。親。謂生親。安。謂其心無憂也。所謂舜盡事親之道。而瞽瞍底豫是也。之。指子之孝行而言。

祭。謂親沒后奉祀也。

鬼。人死曰鬼。

享之。享。饗通。謂其鬼神來格。而歆饗其祭也。之字。指祭禮之誠敬而言。

天下和平。舉天下則國家在其中。和平謂各得懽心。
而無乖戾偏頗也。
災害。天災之甚者爲災害。星變水旱蝗疫之類。
不生。災害自天降。故曰生。
禍亂。人禍之甚者爲禍亂。寇賊奸宄兵戈。弒父弒君之類。
不作。禍亂出于人爲。故曰作。
故。連上之辭。
明王之以孝治天下也如此。總結上文。

孝經啓蒙

詩。大雅抑之篇。

覺德行。注云。覺。大也。虞氏曰。覺悟也。愚按。悟而后能大。大則能明。悟非有二義。覺德行。即所謂至德要道也。

四國。謂四方之國。

順之。順與順天下之順同。之。指覺德行而言。

敢問章

敢問。敢。進取而無所憚之意也。曾子因夫子之教。而已雖知孝德之全體至大而無外。而融化未盡。而不能無毫髮之凝滯。故所以敢問也。

聖人之德。　易曰。大人與天地合其德。故曰天是大底聖人。聖人是小底天。

無以加於孝乎。　加。增也。言聖人之德至大。而天下莫能載。則猶可有增加於孝德之上也。

天地之性。人爲貴。　言天地之所性。乃是人也。故萬物之首靈。而爲至貴而無對也。禮運所謂人者。其天地之德。唐氏所謂人者天地之心。天地有人。如人之腹內有心是也。此人字指聖人而言。與所謂仁者人也之人同。

人之行。人極也。卽上文所謂人之行也。

莫大於孝。孝德全體。充塞于大虛。大虛廖廓而無。莫大之義不言而照然矣。

孝莫大於嚴父。嚴尊也。孝之全體。雖充塞於大虛。而其實體備于人。而感而遂通天下之故。其感通之本。在于嚴父。而嚴父之至。通於神明。光于四海。無所不通。所以復充塞于大虛之本體。只在茲。故曰。孝莫大於嚴父。

嚴父莫大於配天。配合也。以所以事天之道事其親。此之謂配天。孟子曰。存其心。養其性。所以事天也。即首章不敢毀傷。立身行道。全孝心法也。記曰。仁人之事親也如事天。事天如事親。是故孝子成身。由是觀之。則雖行拜伏擎跪之敬。以所以事天不事其親。則非嚴父之至。故曰。嚴父莫大於配天。必勿在郊祀宗祀上。而講配天。郊祀宗祀。只是配天之極其至之禮。

而周公之所獨也。

周公其人。周公文王之子。武王之弟。成王之叔父。名旦。釆食於周。位居三公。故稱周公。其人猶言行嚴父配天之孝人也。得遂此心。盡此禮。而極其至者。惟周公而已。故曰周公其人。此章專發明孝德全體之廣大。是以舉嚴父配天之廣大至極處。而証之。非謂郊祀宗祀。而爲配天。學者勿以辭害志也。

郊祀后稷以配天。　后稷是周之始祖。郊謂冬至祀天於南郊之圜丘也。郊之祭也。必以后稷配之。故曰郊祀后稷以配天。不曰祭天。而惟云爾者。此專以明配天之義也。程子曰。萬物本乎天。人本乎祖。故冬至祭天而以祖配之。以冬至氣之始也。朱子曰。周公以萬物本乎天。文武之功。本乎后稷。爲始祖而配天。祀于郊。冬至者一陽始生。萬物之始。尊后稷猶尊天也。公羊傳云。郊則曷爲必祭稷。王者必以其祖配。王者則曷爲必以其祖配。自內出者。無主不行。自外至者。無主不止。言祭天則天神爲客。是外至也。須人爲主。天神乃至。故尊始祖以配天神。侑坐而食之。

宗祀文王於明堂。以配上帝。　宗尊也。謂有功德可尊也。文王之功德至大。而非他宗之所可比。故於明堂。

大享之。祭配之。蓋此祭文王之所獨享。而爲百世不易之宗。是以曰宗祀。明堂者。天子布政之宮也。蓋所以明天氣。統萬物。動法于兩儀。德被于四海者也。夏曰世堂。殷曰重屋。姬曰明堂。此三代之名也。明堂天子大廟。所以宗祀其祖。以配上帝。東曰青陽。南曰明堂。西曰總章。北曰玄堂。中曰大室。雖有五名。而以明堂大廟爲主。取其宗祀。則謂之淸廟。取其正室。則謂之大室。取其向陽。則謂之明堂。配上帝。卽配天也。以其徧覆無外。謂之天。以主宰造化。而尊無與竝。謂之上帝其實一而已矣。陳氏曰。古者祭天於圜丘。掃地而行事。器用陶匏。牲用犢。其禮極簡。聖人之意。以爲未足以盡其意之委曲。故於季秋之月。有大享之禮焉。天即帝也。郊而曰天。所以尊之也。故以后稷配焉。后稷遠矣。配稷於郊。亦以尊稷也。明堂而曰帝。所以親之也。以文王配焉。文王親也。配文王於明堂。亦以親文王也。尊尊而親親。周道備矣。然則郊者古禮。而明堂者周制也。周公以義起之也。王氏曰。郊以祀天。廟以事祖禰。三代之達禮也。明堂以享帝則非郊。以享親則非廟夏商所未有也而周始爲之故夫子曰昔者周公郊祀后稷以配天宗祀文王於明堂以配上帝武王之伐商而歸也祀明堂以教民知孝其禮行於朝覲耕籍養老之先而嚴父配天之義夫子不屬之武王而屬之周公者蓋明堂之禮武王主其事而行之其制度則周公明其義而爲之也夫義者禮之質也故禮雖先王未之有而可以義起周公達於義者也其在周頌思文后稷配天之樂章也我將祀文王於明堂之樂章詩之國風始於關雎小雅始鹿

鳴。大雅始於文王。頌始於清廟。皆文王之詩也。關雎有王者之化。鹿鳴有王者之政。大雅始于文王。則受命作周矣。頌始于清廟。則盛德有百世之祀矣。武王之伐商也。誓于孟津。誓于牧野。其伐商而歸也。告于群后。無不以文王爲言。則王業成于武王。而所以成之者文王也。配天于郊。則不可以二大祖之尊。蒸嘗于廟。則不足以明文王之德。是故宗祀明堂。以配上帝。此義之所當然。禮之從起。而非厚于其禰也。

是以。 指其孝行之皆極其至而言。

四海之内。謂四方六服諸侯也。各以其職來助祭。各指諸侯。其亦指諸侯而言。職謂其土物之貢及助祭之職分也。祭泛指祭祀。而重郊祀宗祀。疏云。各以其職來助祭者。四海之内。六服諸侯。各修其職貢方物也。按周禮大行人以九儀辨諸侯之命。廟中將幣三享。又曰。侯服貢祀物。鄭云犧牲之屬。甸服貢嬪物。註云。絲帛也。男服貢器物。注云尊彝之屬也。采服貢服物。注云。玄纁絺纊也。衛服貢材物。註云。八材也。要服貢貨物。註云。龜貝也。此是六服諸侯各脩共職來助祭。又若尚書武成篇云。丁未祀於周廟。邦甸侯衛駿奔走執籩豆。亦是助祭之義也。

聖人之德。又何以加於孝乎。 孝德本充塞大虛。大虛廖廓而無外。故雖聖人之峻德。充孝德本然之量而已。故曰聖人之德。又何以加于孝乎。

親生之膝下。 親愛也。生謂生生活潑也。膝下謂下胎一聲啼叫時。言母子分娩在膝下。一聲啼叫時。而旣至德之親愛感通。而生生活潑潑地也。所謂赤子之心是也。

以養父母日嚴。以以至德感通。生於膝下也。養育也。與萬物育之育字同。意謂因鞠畜而形神共生育而成長也。父母日嚴。謂心之所思一也。言以至德感通。既生於膝下。隨形長神發。則敬親之良知日新。而其心之所思父母日尊也。

聖人。 疏云。聖人謂明王也。聖者通也。稱明王者。言在位無不照也。稱聖人者。言用心無不通也。

因嚴以教敬。因親以教愛。 因者。順其固有而開導之意也。嚴。以養父母日嚴之嚴。親。親生之膝下之親。人人固有之良知良能也。所教之敬愛。即首章不敢毀傷。立身行道之愛敬也。嚴也。親也。敬也。愛也。非有二。但有大小精粗之異而已。人之常情。狎恩恃愛。而易失於不敬。故先敬而后愛。因嚴以教敬。因親以教愛。猶因有穀種之生意而播種也。宜體認。

其所因者本也。　其指政教而言。本謂三才一貫之大本。經所謂孝德之本。中庸所謂中也者。天下之大本也。是也。

父子之道天性。　父子道。即孝也。父之愛子。本所以事其親也。故慈亦孝行之一端也。天性。天命之眞性也。言父子道生于膝下而日嚴。乃是天之所以命人之眞性。而不可不畏敬而保合也。

君臣之義。君以仁使臣。臣以忠義事君。此之謂君臣之義。父尊子卑有君臣之象也。父慈子孝卽仁忠之本也。易曰。家人有嚴君焉。父母之謂也。大學曰。孝者所以事君也。慈者所以使衆也。此之謂也。言君臣之義。所以行其孝也。天下之道。不待他求也。舉君臣之義。包夫婦之別。長幼之序。朋友之信也。

父母生之續莫大焉。　生。生育也。之指子而言。續連也。謂相連不絶也。言人之子資始于父。而資生于母。其心性形體。相連續而不絶。猶木之根幹枝葉。一體而不相離也。連續之至密。天下豈有加于此乎。故曰續莫大焉。

君親臨之厚莫重焉。　親。父母也。以尊適卑曰臨。覆育之意也。之。指子而言。厚。重也。廣也。謂仁愛重廣也。天下之至尊。無大乎君。天下之至親。無大乎父母。而兼之者。父母也。兼天下莫大之恩義。而覆育其子。仁愛之廣大。旻天罔極。天下豈能加于此乎。故曰。君親臨之厚莫重焉。

不愛其親。而愛他人者。謂之悖德。不敬其親。而敬他人者。謂之悖禮。　不愛敬其親者。言不愛用嚴父配天之心法也。他人指君臣夫婦兄弟子孫朋友而言。愛敬他人者。言無嚴父配天之眞心。而假德禮之跡。而愛敬他人。如覇者假仁是也。呉子曰。悖。逆也。由本及末爲順。舍本趨末爲逆也。其愛敬雖合於德禮之跡。而舍嚴父配天之本。而從事於末。故曰悖德悖禮。

以順則。以用也。順謂由嚴父配天之本而愛敬天下之人倫也。則謂則而象之也。以順則。經所謂愛敬盡于事親而德教加于百姓。刑于四海。是也。

逆民無則。逆卽悖德悖禮也。民人也。無則謂人心無德義之則。所謂民免而無恥者也。

不在於善。而皆在於凶德。疏云在謂心之所在也。善卽嚴父配天之至善也。皆謂無所不至也。凶不吉也。凶德。卽悖德悖禮也。

雖得之。之指其所求而言。得之謂求民之所服從而得之也。如霸者之服人是也。

君子所不貴。君子。謂聖賢。下同。不貴。賤惡之也。董子曰。仲尼之門。五尺童子。羞稱五霸。正此意也。

君子則不然。不然。謂無一毫悖德悖禮之心也。此下將說嚴父配天之順德。故設此一句。承上起下。

言斯可道。言。言語也。斯。此也。語助辭。下同。道。謂陳說也。以嚴父配天之德。而時然后言。則民莫不信。而爲可陳說之法言。

行斯。天之德。而時出之。則行而民莫不悅。而爲可悅服之德行也。經所謂敬一人而千萬人悅。是也。

德義可尊。尊謂敬信也。心法立嚴父配天之極。則不動而敬。不言而信。見而民莫不敬信。而爲可敬信之德義也。

作事可法。作。創作也。事。事業也。作事謂開物作務也。法則效也。聖人以嚴父配天之德。制作得其宜。天下萬世所則效也。故曰作事可法。

容止可觀。容止威儀也。謂禮容所止也。觀謂人觀望而畏之也。以嚴父配天之德。正其容止。尊其瞻視儼然人望而畏之故曰容止可觀。

進退可度。朱子曰進退謂行藏也進謂達而行道也退謂窮而藏也在堯舜則陟位爲進讓位爲退度亦法也聖人以嚴父配天之德進退不失其時其道光明天下后世所法則也故曰進退可度。

以臨其民。以以可道等六事也臨謂臨撫也覆育之意也其指天下國家而言民人也下同

畏而愛之。畏謂畏敬其神武也愛謂愛戴其聖德德也之指君子而言畏而愛之如七十子之服孔子畏

下德字恐衍

敬之如神明。親愛之如父母。

則而象之。則効法也。象摹倣也。之指君子德而言。則而象之謂民日遷善而不知也。所謂芝蘭之化也。

成其德教。終其事曰成。其指君子而言。德教即其所躬行心得之上文六事是也。

行其政令。行謂施行也。其指君子而言。令命也。政令即以上文六事。措天下之事業者也。

詩。曹風鳲鳩篇。

淑人君子。淑善也。淑人君子重言者。深賛美之也。

其儀不忒。其指君子而言。儀度也。忒差也。上文六事。君子之常度也。故曰其儀也。不忒謂保合而不違也。

詩云。淑人君子。其儀不忒。其儀不忒。正是四國。只引上二句。以含下二句之意者。以引起下截也。

孝子之事親。孝子。卽上文君子也。以其德所可爲天下之君。稱之謂君子。以其德所盡嚴父配天之孝。稱之謂孝子。此截專開示孝行之本實親切處。故以孝子之事親起之。

居則致其敬。居。謂無養病喪祭之事。而離父母而居也。此截專說事親。故雖事君交友之時。而無致樂致憂致哀致嚴之事。則爲居。不可只作燕居無事看。致。極其至之謂也。其指孝子之心而言。下四其字同。敬。卽不敢毀傷之敬。全孝心法也。

養則致其樂。養。包事親之常而言。自昏定晨省。冬溫夏凊。進飮食。以至抑搔扶持。奉水授巾。無非娛父母之事也。樂。謂愛敬之眞樂也。記曰。孝子之有深愛者。必有和氣。有和氣者。必有愉色。有愉色者。必有婉容。孝子如執玉。如奉盈。洞洞屬屬然。如弗勝。如將失之。

嚴威儼恪。非所以事親也。又曰。下氣怡聲。問衣燠寒。又曰。問所欲而進之。柔色以溫之。皆是愛敬之眞樂。見於面。盎於背。施於四體。發于事業者也。

病則致其憂。病疾也。憂謂以父母之病患爲己之病痛苦楚也。吾身有疾痛苦楚。則必求其治療。慮其死亡甚切。故其心只在欲其病之速愈。而無一毫之他念也。移此心而以養父母之病。則終是致其憂者也。

喪則致其哀。喪謂不幸親死服其喪。哀謂哀戚痛切也。

祭則致其嚴。祭。謂親沒而祭祀之嚴。謂誠敬精明也。

五者備。五者。謂居則致其敬。養則致其樂。病則致其憂。喪則致其哀。祭則致其嚴也。備謂全具而不闕也。

然後能事親。然後。指上文五備而言。能字有力。如有所未備。則非能事親也。

事親者。卽五者備而能事親者也。

居上不驕。上。謂位尊年老才德長也。不可只作天子諸侯之位而看。雖匹夫有居上之時。交妻子是也。最宜活看。驕字專可就心上看。有一毫自滿之心。卽驕也。

爲下不亂。下謂位卑年少才德短也。不可只作廢人之下位而看。雖天子有爲下之時。事父母是也。最宜活看。亂不理也。專可就心上看。有一毫不安分之心。卽亂也。

在醜不爭。醜類也。謂位年才德相類無高下也。爭謂好勝也。專可就心上看。有一毫好勝之心。卽鬭爭也。

亡刑兵。亡謂取滅亡也。刑謂遭刑戮也。兵謂相刃戕殺也。亡刑兵。皆所以害仁殺身也。居上。故曰取滅亡。

爲下。故曰遭刑戮。在醜。故曰相刄。只因位立言而已。
曰亡。曰刑。曰兵。假設其害之至而戒之。實專可就心上看。雖無亡刑兵之事。已有驕亂爭之凶德。而害其仁。則與亡刑兵何以異乎。

三者不除。三者。謂驕亂爭。不除。謂慎獨不決去也。

日用三牲之養。三牲。謂牛羊豕。日用三牲之養。謂日日具盛饌以養親之口體也。

猶。猶字有深戒之意。以開示以不敢毀傷而養志爲主也。

五刑之屬三千。 五刑。謂墨劓剕宮大辟也。墨。刻額而涅之也。劓。割鼻也。剕。刖足也。宮。淫刑也。男子割勢婦人幽閉。幽閉。閉於宮使不得出也。大辟。死刑也。朱子曰。屬者。條目也。三千謂墨罪之屬千條。劓罪之屬千條。剕罪之屬五百條。宮罪之屬三百條。殺罪之屬二百條。凡有三千條也。

要君。 要。要索也。要君。謂失忠敬之心。而有索己所欲於君也。

無上。 無者。心不知有君。有而若無也。上。卽君也。無上。

謂無君事之之心。而反其君。弑其君也。

非聖人。　非。毀也。非聖人。謂不尊信聖人也。所謂侮聖人之言。是也。

無法。　法。謂聖人中庸之法也。無法。謂無守法之心。而敗棄聖法也。

非孝。　謂無愛敬之眞心。而不篤信孝道也。

無親。　謂無父事之之心。而遺其親。弑其親也。

大亂之道。　窮人欲。滅天理之至。無所以加。謂大亂也。

道。謂所由行也。

敎民親愛。敎謂敎化也。下同。民人也。親愛天性之親愛也。

莫善於孝。莫善者。極其至而無外之意。下同。孝謂躬行全五備之孝也。

敎民禮順。民人也。禮者恭敬之理也。順者循理無違之謂也。

弟。善事兄長爲弟。謂躬行弟順之德也。

移風易俗。君上所化。謂之風。民下所習。謂之俗。呉子曰。移。謂遷就其善。易。謂變去其惡。移風易俗。猶言移易風俗。只分其文而已。

安上治民　安謂不危。上謂君。治謂不亂。民人也。

禮樂。　註見于前。此禮樂須就情文本末全備上而講。

禮者敬而已矣。　敬。即因嚴敎敬之敬也。而已矣者。竭盡而無餘之辭也。禮雖情文本末之異。其實唯一敬而已矣。如無敬心之眞。則假饒雖三千三百禮儀威儀全備。只是非禮之禮也。故曰。禮者敬而已矣。

敬其父。　其指君而言。下其兄其君其同。上老老而民興孝。故上敬其父。所以敬天下之爲人父者也。無所

不通之敬也。下文所謂敎以孝所以敬天下之爲人
父者也。是也。

子悅。　子。指天下之爲人子者而言。悅。謂愛敬之眞心。
通融明快而與孝也。與學而時習之不亦說乎之說。
理義之悅。我心之悅同。下弟悅。臣悅。倣此。

敬其兄。　兄。經曰。雖天子必有先也。言有兄也。是也。上
長長而民興弟。故上敬其兄。所以敬天下之爲人兄
者也。無所不通之敬也。下文所謂敎以弟所以敬天
下之爲人兄者也。是也。

敬其君。易曰。家人有嚴君焉。父母之謂也。大學曰。孝者所以事君也。經曰。雖天子必有尊也。言有父也。嚴父配天。所以敬其君也。上事家人之嚴君。而盡臣道而敬之。則下與其忠敬。故敬其嚴君。所以敬天下之爲人君者也。下文所謂教以臣。所以敬天下之爲人君者也是也。

敬一人。一人。指父而言。經曰。資於事父以事母而愛同。資於事父以事君而敬同。故母取其愛。而君取其敬。兼之者父也。故以孝事君則忠。以敬事長則順。夫如此。則曰敬其父。曰敬其兄。曰敬其君。畢竟總統於敬父一人而已矣。故結之以敬一人。而示一本之蘊焉。妙哉。切哉。

千萬人悅。　千萬人。指天下之爲人子弟臣者而言。天下子弟臣。何啻千萬人。言千萬人者。擧其大數也。悅。卽子悅之悅也。

所敬者寡。　謂敬一人。

悅者衆。　謂千萬人悅。

此之謂要道。　此之。指上文而言。此句結前生後之語也。

教以孝。教。謂教化也。孝以全體言。下孝弟臣。此孝中之一端而已。

非家至而日見之。家。指天下之家而言。至。謂君子行到其家也。之。指民而言。見之。謂君親子見其民而耳提而命也。非家至而日見之。言非君子親徧到天下之人家而日日見其民而教之也。此一句以開示教化之眞專在於天載無聲無臭上。而不求于聲色之末也。

敎以孝弟臣。敎以身敎言。必可在愼獨上講。不可作聲色之敎而講。下敎弟敎臣之敎同孝。卽五備之孝也。○弟。本孝中之一端。故事父之敬。所以敎弟也。經所謂以敬事長則順。此意也。以事言之。則祭義曰。食三老五更於大學。天子袒而割牲。執醬而饋。執爵而酳。冕而總干。所以敎弟也。是也。○臣。謂臣道。卽忠敬也。忠。本孝中之一端。故所以事家人嚴君之敬。所以敎臣也。經曰。以孝事君則忠。此意也。以事言之。則疏云。朝覲所以敎臣。祭帝稱臣。亦以身率下也。是也。

所以敬天下之爲人父爲人兄爲人君者也。 言君子之身教由窮无言不顯之神而天下之人化之而各无不敬其父兄與君。則是上之人所敬其父兄君者。乃所以敬天下之爲人父爲人兄爲人君者也。所謂愛敬盡於事親而德教加于百姓刑于四海無所不通。一貫之神道也。

詩。 大雅泂酌篇。

愷悌君子。 愷樂也。謂天理之眞樂也。悌易也。謂易簡之易也。樂易者。君子之至德。上文所說是故以愷悌二字。賛君子也。

民之父母。　舉民以包天下之人也。父母之於子。一體分形。身體髮膚。血脉貫通。無所間隔者也。君子愷悌之德。於天下之人。心心融和。一貫而無所間隔。有切於父子一體之貫通者。故曰民之父母。

非至德其孰能順民如此其大者乎。　其語辭也。孰何也。順順天下之順也。指上文子弟臣之悅而言。民人也。指天下之人而言。如此。指上文敎化而言。大謂其德化彌六合而無外也。此一句反言以明至德要道

之廣大高明。無所不通。而爲結前生后之語也

昔者明王。　解見于前。

事父孝。故事天明。事母孝。故事地察。　明察。謂與天地合其德也。明者。光明四海。無所不照之意。察。著也。昭著不容掩之意。明察本一貫。只因天地分屬有異耳。子曰。仁人之事親也。如事天。事天如事親。由是觀之。則聖人之一言一動。皆事父母之孝。而事天地之明察也。故以明至德。而與父母相通融。而無所間隔。言之謂孝。以與天地合其德。與日月合其明。而與天地

明察之妙用相融通而無所間隔言之謂明察而明察與孝本一貫而無二致故曰事父孝故事天明事母孝故事地察

長幼順故上下治　長幼謂天子所長所幼也長其長而幼其幼能和睦無所乖戾此之謂長幼順上下泛指天下尊卑長幼而言治謂安其分而不亂也

天地明察神明彰　自一言一動以至于郊社之祭誠敬與天地通明察與日月合而無一毫昏蔽此之謂天地明察神明謂天神地祇也彰昭著分明可見之

意也。言神明之妙用。因聖人德業。而昭著分明可見也。

雖天子。必有尊。必有先。 必字。有力尊敬也。先亦恭敬之意。此尊稍緩。此二句。明所以長幼順也。

言有父有兄 註疏云。父謂諸父。兄謂諸兄。虞氏曰。雖天子。必有當尊而敬之者名曰父。必有當先而敬之者。名曰兄。二說可相兼看。

宗廟致敬。 謂祭致其嚴也。舉追遠之誠敬。以示大孝終身之精蘊也。

不忘親。親。親愛。所謂親生之膝下之親也。不忘。謂常存而不失也。

脩身謹行。脩。理也。脩身。謂一身之作用。循天理而不亂也。所謂非禮勿視。非禮勿聽。非禮勿言。非禮勿動。是也。謹。慎也。重也。行。謂接物應事之行。謹行。謂慎重於接應之行。而不輕發。必中其道也。脩身謹行。原一事而分言而已。首章與所謂立身行道同。

恐辱先。恐。懼也。所謂戰戰兢兢。如臨深淵。如履薄氷。是也。先。謂父母先祖也。身體髮膚受之先。故人不修身謹行而辱其身所以辱其父母先祖之身也恐辱先以示不敢毀傷之敬也。

宗廟致敬。上言承祭祀之心術。此又言其效。故擧此一句。

鬼神著。鬼神父母先祖之鬼神也。著明也。謂鬼神來格享祭祀誠敬之孝。而合莫昭著而不可掩也。所謂微之顯。如在其上。如在其左右是也。

孝弟之至。弟亦孝中之一件而已。上文孝弟相兼論。故又孝弟兼擧。專可重孝上看。至者孝弟之至。謂孝弟之心。致中和而無所倚。所謂嚴父配天。是也。

通於神明。 通謂合同而無間隔也。神明。舉天地神明。而包宗廟鬼神於其中矣。通于神明。卽上文神明彰矣。鬼神著矣。是也。

光於四海。 光者。明之用也。謂照臨所及也。四海極其大而言。六合有形之處。盡在其中矣。

無所不通。 此一句。說孝之全體。言不啻光于四海有形之中。雖天地有形之外。大虛廖廓之至大。無所不通也。

詩。大雅文王有聲篇。

自西自東。自南自北。此二句舉四方。以包六合之大。以形容無所不至之義也。

無思不服。思謂心之感通擬議也。嚴父配天之孝思是也。服。從也。謂無所違逆也。無思不服。言嚴父配天之孝思。活潑流通。無處無時所違逆。故其孝思之所及。亦尊信而無所違逆也。

君子。此段承上文。示上下通用之孝行。故以君子要端。

事親孝。故忠可移於君。　移。易也。謂變通也。下同。故承上起下辭。自此至可移於官。以事類明變通之執。故下一故字。以立內外遠近之辨也。事親孝。故忠可移於君。言君子至德無所不通。是故近而在家。則盡五備之孝。遠而在國。則將順其美。匡救其惡之忠。可變通於事君也。

事兄弟。故順可移於長。　順亦弟也。悌順本孝中之一德也。事兄弟。故順可移於長。言有至德者。近而在家。則事兄能盡弟恭。遠而在國。則至德之順。可變通於

事長也

居家理。故治可移於官。　理。謂物得其理而不亂也。治亦理也。官。謂官政也。居家理。謂齊家人而各得其理而不紊也。治。謂官政得其理而不亂也。曰理。曰治。皆孝中之一德也。居家理。故治可移於官。言有至德者。近而齊家。則家人皆理。遠而服官政。則治可變通於官也。

是以。　指上文孝德無所不通也。

行成於內。　行。謂率至德而行也。所謂天之經也。地之義也。人之行也。是也。成也。畢也。善也。畢其事而無欠闕之意也。虞氏曰。内敬心之内也。

立名於後世。　後世。謂時之無窮盡也。此一句以示無時不通也。

閨門之内。　閨門。小門也。閨門之内。猶言小家之中也。

具禮已乎。　具者。該貯而無所不足之意也。禮者。理也。謂治天下之禮也。已乎。語詞也。

嚴父嚴兄。　嚴父。孝也。孝者。所以事君也。嚴兄。弟也。弟者。所以事長也。

妻子臣妾。猶百姓徒役。百姓。謂百官也。按周禮六官之屬。各有徒。註云。民給徭役者。疏云。徒食五人祿。其官亞士。故號庶人在官者也。役。使也。徒役。謂庶人之役使於官者也。周禮宮伯。作其徒役之事之類是也。家之有妻子。猶國之有百官。家之有臣妾。猶國之有徒役也。徒役。舉屬官最下者以包其餘。帥妻之義。養子之慈。御臣妾之寬。所以治百姓徒役也。

若夫章

若。順也。

夫。有所指之辭。此指至德而言。

慈愛恭敬。疏云。愛出于內。慈爲愛體。敬生于心。恭爲敬貌。江氏曰。此語甚粹也。

安親。安親謂安樂親心也。五備之孝行。皆所以安親也。經所謂生則親安之。祭則鬼享之。是也。

揚名。名明王聖人君子孝子的顯名也。名者實之賓。名之於實。猶影響之於音形。故務實立本之外。別非有揚名之工夫也。

參。曾子名。

聞命。 聞謂嘿識心通。如朝聞道之聞。命敎也。

敢問。 疑思問學之則。所以敢問也。

從父之令。 令命也。擧受命之事。以例其餘言行。從父之令。謂一從順父令。而雖不義不敢諫止也。

可謂孝乎。 乎。疑辭也。曾子已知陷父於不義之不孝。而又諫爭則却有傷愛敬之和。而又以順從本孝子之素志。故不曰非不孝乎。而曰可謂孝乎。而疑問之也。

何言與。 與。疑辭。下同。何言猶以何心而爲如此言與。

蓋言者。心之聲也。故有於心。而發於言。因言而知其心。夫子嘗知曾子之心。是以將謂不爲如此言。而今曾子有此問。故謂以何心。而爲此言與。而疑難戒之。

重言者。所以深警戒之也。

言之不通。　言指曾子所問之言。不通謂固滯而不通達也。

昔者。　疏云。夫子述孝經之時。當周禮衰之代。無此諫爭之臣。故曰昔者也。

天子。　不言先王。而言天子者。言稱先王。皆指聖王。此

言無道所以不稱先王也

爭臣七人　爭謂諫止其非若爭然爭臣謂有賢德而可匡救其過惡臣非必極諫犯爭而后爲爭臣又非有搢說所謂司諫爭一件官也七人非謂人數之定限但姑約言之爾所謂舜有臣五人而天下治之類也舜臣豈止五人姑約言之也舉七數者七陽數也陽剛明而能變化諫爭以剛明變化爲主故舉陽數也九亦陽數而不舉者九數之極而陽變成陰之數也才難故不舉數極且諫爭主剛明故不取變陰晦

之數也。下五人三人。亦陽數也。殺降以兩者。禮制之常也。不可必泥其數也。

無道。此無道須輕看。非謂如桀紂暴惡。只謂心無道義之守也。所謂上無道揆是也。

不失天下國家。舉諫諍之功效。以示不可以不爭也。

士有爭友。爭友謂益友也。士不能有爭臣。必藉益友之忠告而改過遷善。故曰有爭友。

不離令名。令善也。不離令名。舉効以見其進修之成功。

父有爭子。　爭子謂成德子也。此一句包天子諸侯大夫士庶而言。此段主意在於此一句上。

身不陷於不義。　身指親身而言。不義謂不合人義也。人之行不義。猶獸納於陷阱。故曰陷於不義。身不陷於不義。謂正心修身也。

當不義。　謂君父行不義時也。

子不可以不爭於父。臣不可以不爭於君。　經云。夫孝始於事親。中於事君。且天子諸侯大夫士庶之子。均爲子也。愛父也。父若有過。子必幾諫。不可諉之於爭臣爭友故先父子而後君臣。其旨深哉。此二句結上文。說不可不爭之理。以起下文。

故當不義則爭之。　故字承上二句。以起下句之指不義言。此一句說孝子之所以受用也。

從父之令。焉得爲孝乎。　焉得爲孝乎。反言以甚戒其爲不孝也。此二句總結上文。以與發端何言與。言之不通相照應。

君子事上。　此君子亦指聖賢而言。上謂君也。因上文論爭臣。而將說事君之忠。故用此一句。承上起下。

進思盡忠。進。謂自私家而適公所進見於君也。思。謂心在茲而精一也下同。盡。謂至其極而無遺也。中心爲忠。移嚴父配天之心。以事君之德。是也。此一句此段綱領。下三句。此一句之條目也。

退思補過。退。謂不進見於君之時。對進而曰退而已。補裨也。塡也。裨塡其欠闕之意也。無心而違道爲過。補過。詩所謂袞職有闕。維仲山甫補之。是也。

將順其美。將。勸也。助也。成也。順。從也。和也。吳子曰。將。謂助之於前。順。謂導之於後。其指君而言。美。謂善心義行。

匡救其惡。 匡。正也。救。止也。吳子曰。匡謂正之於微。救。謂止之於顯。其指君言。惡謂惡心暴行也。

故上下能相親。 故承上文。忠誠言。上謂君也。下謂臣也。能字有力。假令雖相親。不由道義。則不可謂能也。相親謂下以忠事君。上以禮接臣。能相親。交泰而同心同德也。

詩。小雅隰桑篇。

心乎愛矣。 心謂心所存主也。愛至德之愛敬也。心乎愛矣。言融於至德之愛而無一毫之間雜也。

遐不謂。朱氏曰。遐。遠也。遐不謂。猶言不謂遐也。遐不謂矣。謂遠邇上下。無所不通也。

中心藏之。中心。謂事君之忠心也。藏。守於密之意也。之。指上文遐不謂之愛而言。下忘之之之同。

何日忘之。言無可忘之日也。

孝子之喪親。此孝子亦指聖賢而言。下說居喪之孝。故以孝子更端也。持服曰喪。親。父母也。父母死而居其喪。謂喪親。因上文何日忘之。而將說事死之道。故擧此一句。以承上起下。

哭不偯。　哭哀聲也。呉子曰。偯哭聲從容而有餘也。禮記間傳云。大功之喪。三曲而偯。此父母之喪。哀痛之極。故其哭也氣竭而息無復餘聲。

禮無容。　禮謂居喪所行之禮法也。無容謂擧措進退無脩飾爲容儀也。

言不文。　言言語也。不文謂有事不得已則直致其言不治擇文飾。成文詞也。

服美不安。　美謂美飾之衣服。錦繡之類也。不安謂哀戚不安而不忍服美衣也。

聞樂不樂。言平時聞樂則必樂。今因哀戚大甚。聞樂却哀痛益深不樂。而耳不忍聞樂也。

食旨不甘。旨味之美也。言平時食旨必甘美。今因哀戚大甚。食旨却不甘美。而口不忍甘旨美也。

此哀戚之情。此指上文不偯等六句。言哀悲哀也。戚憂也。痛也。情眞心之發見。所謂人情也。此一句結上文以起下文聖人之制也。

三日而食。三日謂从親始死經三日也。食謂食粥也。

呉子曰親死水漿不入口三日乃食粥疏云記間傳稱斬衰三日不食此云三日而食者何也劉炫言三日之后乃食皆謂滿三日則食也此一句舉聖人所制之禮法記問喪所謂親始死惻怛之心痛疾之意傷腎乾肝焦肺水漿不入口三日不舉火故鄰里為之糜粥以飲食之是也

教民無以死傷生毀不滅性　教謂因本之教民人也死親之死也生子之生也傷害也戕也謂哀傷大甚而至死亡也毀謂羸瘦而容色毀壞也滅火熄也性

天命之性也。滅性。謂天性之明。昏昧猶火熄也。蓋子之身與性。皆親之遺體也。故或哭死。傷害遺體之生。或毀瘠骨露見。而情勝而滅天命之性。則却以爲不孝。曲禮所謂居喪之禮。毀瘠不形。視听不衰。不勝喪。乃比于不孝。是也。此一句。以明聖人立法之蘊。

此聖人之政。　此指上文禮法禮意而言。政因本之政也。與上文教字相照應。此一句。以示喪禮者聖人中和之妙。而他人之非所及也。一以爲承上起下之語。而明全段皆是聖法也。

喪不過三年。不過。謂哀痛未盡而俯從也。此一句。亦舉聖人所制之禮法。記所謂三年之喪二十五月而畢。哀痛未盡。思慕未忘。然而服以是斷之是也。

示民有終。示。開示也。民。人也。有者。天然自有之意也。終。謂萬物生死始終之終。言有生必有死。有始必有終。天命之本然。有形之所以有也。故雖孝子終身之憂無窮。而喪不可無終竟之期。是以聖人立中制。以開示民有天命必然之終期。而不可任私情也。即不滅性之意。所以明喪禮之本也。

棺上恐脫棺字

爲之棺槨衣衾而舉之。　爲，造也。棺，說文關也，所以掩屍也。槨，外棺也。衣，謂襲與大小斂之衣也。衾，謂草被覆尸薦尸所用也。舉，謂舉屍內于棺也。之，指親屍而言。吳子曰：尸之外衣，衣之外衾，以襲以斂。衾之外棺，之外槨，以斂以殯。

陳其簠簋而哀戚之。　陳，列也。其，指朝夕朔望之奠而言。簠簋，祭器也。之，指親之不在而言。吳子曰：此言朝夕朔望之奠，簠盛稻粱，器外方內圓；簋盛黍稷，器外圓內方。按士喪禮，朝夕奠脯醢而已，盛以籩豆；朔月殷奠始有黍稷盛以瓦敦卿大夫祭禮少牢饋食亦止用敦盛黍稷以公食大夫禮推之窮竟天子諸侯之殷奠乃備黍稷稻粱而器用簠簋此經所云蓋舉上而言之也

擗踊哭泣哀以送之　擗以手擊胸也踊以足蹴地也註曰男踊女擗疏云按問喪曰在牀曰尸在棺曰柩動尸舉柩哭踊無數惻怛之心痛疾之意悲哀志懣氣盛故袒而踊之婦人不宜袒故發胸擊心爵踊殷殷田田如壞牆然則是女質不宜極踊故以擗言之

據此女既有踊。則男亦有擗。是互文也。哭者口有聲也。泣者目有淚也。擗踊哭泣者。惻怛痛疾之情。發見于形體者也。哀謂哀其形不返也。之指柩而言。送之謂送形而往葬地也。

卜其宅兆而安措之。卜灼龜以視吉凶也。其指所葬而言。宅墓穴也。兆塋域也。措置也。安措謂無地風水泉樹根虫蟻等患。及爲人所發也。之指柩而言。吳子曰。將置柩于其處。必乘生氣。無地風水泉沙礫樹根螻蟻之屬。及他日不爲城郭溝池道路。然後安卜者。

決於神也不卜則擇之以人葬書備言其術之理可稽焉中州土厚水深不擇猶可偏方土薄水淺凡地不皆可葬苟非[redacted]其地尸柩之朽腐敗壞至速與舉而委之於壑同孝子之心忍乎先擇后卜尤爲謹重所謂謀及乃心謀及士民而后謀及卜筮也按士喪禮筮宅卜日大夫以上則葬日與宅兆皆用龜卜或亦用筮此云卜蓋通言之

爲之宗廟以鬼享之　爲謂造作乃修飾也按王制祭法官師已上皆立廟庶士庶人無廟祭於寢此舉宗

廟。以包祭祀寢者也。以鬼。猶言以事鬼神之禮也。享者。祭祀人鬼之名。之。指親精神而言。吳子曰。初喪至葬。有奠無祭。蓋猶以人禮事之。既葬迎精而反。乃以虞祭易奠。卒哭而祔于祖。喪畢而遷於廟。始純以鬼禮事之。

春秋祭祀。以時思之。 春秋。謂四時。春陽之始。夏陽之終。秋陰之始。冬陰之終。舉其始。則終在其中。故只舉春秋耳。時。謂歲序流易之時也。思謂悽愴怵惕之心。思之指親而言。

孝經啓蒙

生事愛敬。生事。謂事生親及親生性鬼神也。所謂居則致其敬。養則致其樂。病則致其憂。祭則致其嚴。及至德教加於百姓刑於四海。都是愛敬之孝德也。故曰生事愛敬。

死事哀戚。死事。謂居親喪也。喪禮之儀節。自死至除喪。都是哀戚之情也。故曰死事哀戚。

生民之本盡。易曰。天地之大德曰生。民。人也。經曰。天地之性人爲貴。故曰生民。生民。猶言生生活潑人也。本根柢也。人之有孝德。猶木之有根柢。故以孝爲生民之本。盡至其極而無遺之謂。與盡性之盡同。
死生之義備。死謂形骸死。生謂生性至誠無息也。義
者。理也。死生。猶言形死而神生也。蓋雖形死而鬼神
生生之理無息。故曰。死生之義。備具也足也。詳悉明
細而無遺之意也。
孝子之事親終。孝子。即先王明王聖人君子是也。始
以先王起之。終以孝子結之。其旨至矣。妙矣。事親。即
孝行也。終。盡也。言先王聖人孝子之孝行德業盡於
此而無遺也。自生事愛敬。至於此。五句孝經一部之

結語也。必勿作喪親一章結語講也。

右孝經啓蒙一卷大溝侯采邑湖西德本堂所藏。今侯予弟也。以故命其臣横田公恭謄寫以贈焉。德本堂者。蓋所謂藤樹書院云。

弘化紀元中秋

勝明識

孝經啓蒙　終

孝經纂注

[日]貝原存齋　撰

孝經總論

論孝爲人道之本

人受天地之性而生焉故以天地之心爲心所謂仁也天地之心生理也仁亦生理也仁者愛之理心之德也故仁主愛愛莫大於愛親仁之最親切者謂之孝仁人心也學所以求仁而孝則行仁之本也孩提之童無不知愛其親可見孝者出于人心之自然而非強爲也人道只在擴充此心而已及長無不知敬其兄敬兄之心即愛親之心也推而事君無不知忠於君忠於君之心即事親之心也此無二心也無二道也仁此謂之仁宜此謂之義履此謂之禮樂此謂之樂知此謂之知推之爲齊家爲治國爲平天下何莫不是此也况有孩子而後

有君臣夫婦兄弟朋友故人之行莫大於孝莫先於孝其為五常之本百行之源明矣天地之性人為貴吾受其至貴於父母人稱萬物靈則其父母全而生之也人莫切于已莫愛于已其所為已之身體髮膚受之父母所謂父母生之續莫大焉乃昊天罔極之恩也烏鳥反哺豺狼知養豺獺知報本以人可不如禽獸乎於戲堯舜大聖而為萬世之法其道不過孝悌而已由此而學之謂正學失此之謂偽學異端

論孝經之所以作

眞西山孝經集義序曰夫孝者人心之固有也蓋三代以前理道明風俗一人皆曉然知孝之為孝聖王在上設禮教設司徒敷五教

以範防之俾勿失而已至孔子時則異矣故不得不詳其義以曉學者

孝經大全孫本曰夫子年七十二矣既不能行道當時而欲以此著之爲經以詔來世故於燕閒之際以是經屬之曾子而曾子與門人詳記之

陳澔曰孝經止是曾子門人所記故中間稱仲尼居曾子侍

朱鴻孝經質疑曰孝經何爲而作也夫子憂五等之孝未明於天下而作也夫子刪述六經垂憲萬世道無不載至事親儀則及祭義精嚴礼記諸篇又備載之矣但五等經常之孝古典未之傳聞夫子何從而刪述之也故思及門之徒曾子踐履篤實

孝行尤著是以呼其名而語之知其足以闡明斯孝也曾子於是欽承大命卽與其徒編緝成經所以夫子曰吾志在春秋行在孝經夫子曰云云孝經緯文 蓋春秋立一王之法孝經定五等之孝夫子志也行也後世謂子思樂正子公明儀之徒始成之則孝經未作之前夫子何以據曰行在孝經又有謂夫子假為曾子問答之言而自著之孫奭說也尤可鄙笑

論古文今文之異

前漢書藝文志曰武帝末魯共王壞孔子宅欲以廣其宮而得古文尚書及禮記論語孝經凡數十篇皆古字也

孔安國書序曰至魯共王好治宮室壞孔子舊宅以廣其居於

壁中得先人所藏古文虞夏商周之書及傳論語孝經皆科斗文字 註陸氏曰共王漢景帝子名餘云云 科斗蟲名蝦蟆子書形似之

顔師古曰家語云孔騰畏秦法峻急藏尚書孝經論語於夫子舊堂壁中而漢記尹敏傳云孔鮒所藏二説不同孰是○新安陳氏曰按鮒騰兄弟亦藏書必同謀謂鮒藏可也謂騰藏亦可也

孝經集説序王偉曰當秦燔書時河間顔芝之藏其書漢初芝之子貞出之河間獻王得而上諸朝案獻王亦景帝子共王兄也

朱鴻曰孝經一書有古文今文之別者何也武帝時魯共王壞

孔子屋壁得孔鮒所藏孝經二十二章皆科斗文字故爲古文孝經孔安國爲之註今文孝經一十八章河間人顏芝所藏漢初芝子貞出皆隸書故爲今文孝經鄭玄爲之註

孝經大全那顏芝之的雖在前漢出來只因字畫時様及叫做今文孝經

宋吳澄曰古今文之所異者特語辭有不同耳覈其文義初無絶相遠者其所甚異唯閨門一章耳諸儒於經之大旨未見有所發揮而獨斷斷然致其紛紜若此抑亦末矣

論當從古文

孫本曰或疑古文今文之辨孰爲正釋曰古文正矣又曰談經

者皆以古文爲正又曰古文以孔子經出孔氏之壁如之何皆減也

主傳曰孝經與尚書同出孔壁世知尚書之眞而疑孝經之異何也又曰當世大儒司馬温公范蜀公則皆尊信古文司馬公爲古文指解追朱子爲刊誤亦多從古文

故今因朱子考定古文孝經而作解

論不可分章第傳釋

孫本曰或疑諸家章第不同何也釋曰是皆起於傳釋之故也方夫子口授曾子曷嘗以某章釋某句某句釋其字後儒欲便教者故分章第或十八章或二十二章而聖言未嘗分烈固未

害也云云 其出於一時問答審矣何傳釋之有云云 又曰昔朱子刊誤首合七節爲一章謂疑所謂孝經者止此其下則或者雜引傳記以釋經文乃孝經之傳夫曰疑曰或非敢斷以爲是云云 說者謂非定筆又曰經傳一分世儒遂紛紜其說而聖經自是裂矣故談經者惟當去其傳釋而叙次一以古文爲當

朱鴻曰章名起於漢唐傳釋倡於宋元均非孔曾之舊也今不若只依孔曾之舊悉去章名傳釋似於義尤精

朱鴻曰朱子刊誤經一章傳十四章刪去古文二百零二十三字

又曰孝經一書前後俱孔子之言未聞有某章釋某句之語

大全曰孝經起自仲尼閒居迄於孝子之事親終矣統爲一篇按漢藝文志首稱孝經古孔氏一篇可徵也乃孔子口授曾子一時問答之語故當時或引其端或廣其說或釋前言或發別義及爲後論議惟期以盡孝之義而已並無章第亦不分經傳其中或問以子曰字則記者見夫子答問之外有更端以告者又有閒歇而復告者故皆以子曰起之而意則未始不相貫也

論孝經宜讀

孫本曰或疑孝經迺童蒙習讀之書世有以淺近忽之者殊不知童蒙未曉道理然良知良能固自在也開蒙而先授以孝經則四德之本百行之原教從此生道從此達由是而爲賢爲

聖若舍孝經而遽讀他書何能進步此孝經所以爲徹上徹下之書而學之所當先務者也

元熊禾孝經大義序曰噫人子不可斯須忘孝則此經自天子至庶人一日不可無之書

大全曰光武時令虎賁士習之明帝時令羽林悉通孝經章句是時不惟天下之經生學士而家誦戶習遍武人

伊川看詳武學制添習孝經或疑迂濶曰其添入者欲令武勇之士能知義理未足爲迂濶

司馬溫公居家雜儀曰七歲始誦孝經論語

學的曰朱子八歲通孝經大義書曰八字於其上曰若不如此便

不成人

曹操每旦具冠帶誦孝經一遍然後視事佐政寬仁惡少感化

庾子輿五歲讀孝經手不釋卷或曰此書文句不多何用自苦

答曰孝者德之本何謂不多

拾遺

孝經集靈曰孝經自魏文侯而下至唐宋傳之者百家九十九

部由元至今益又多矣○案孝經大全所載孝經註凡百七十

家

文獻通考日本部宋雍熙元年日本國僧奝然之來也得孝經

一卷越王孝經新義第五一卷皆金縷紅羅標水晶爲軸越王乃唐

太宗子
越王貞

日本清和天皇貞觀二年正月大學博士春日雄繼授孝經於
天皇。介來天子初讀書多用孝經

東鑑元久元年正月征夷大將軍源實朝始讀書用孝經中原
仲業侍讀

孝經

朱文公較定
貝原元端纂註

孝者愛親天德之名爾雅曰善事父母爲孝說文曰孝字從老省從子兼老也孝經大全曰老上子下斯象形矣經者聖人之書曰經文心雕龍曰三極彝訓其書曰經經也者恆久之至道不刊之鴻教也釋名曰經徑也言如徑路無所不通皇侃疏曰經常也○沈淮會通序曰孝者百行之本萬善之原也經者萬世不易之常道也○陳曉曰就本書中自有孝經兩字有孝者天之經句而爲書名况聖人之言也

仲尼閒居　孔安國曰仲尼者孔子字也○朱申曰閒居謂閒

暇居處之時。○董鼎曰閒居燕居之時也。○古不諱字見于儀礼

曾子侍坐　汪元祚曰曾子孔子弟子曾氏名參字子輿魯南武城人子者曾子門人稱其師也。○疏云卑者在尊者之側曰侍凡侍有坐有立此即侍坐也

子曰　正義曰古者謂師為子。○呉註曰孔門諸弟子稱師曰子諸弟子之門人稱其師則著氏以別之此經曾子門人所記稱其師既冠以氏故於其師之師得專稱子

參　朱申曰呼曾子之名而語之。○陳曉孝經問對問孔子獨與曾子説者何對曰曾參篤於孝與諸子不同故聖人因其材而篤焉。○董氏曰孔子稱字曾子稱名師弟之義也

先王　朱申曰謂先代聖王

有至德要道　呉註至極也德者得也要總會也道猶路也德謂己所得道謂人所共由。正義曰以一管衆曰要。孫本曰德則存於心道則見諸事者。董氏曰自有極至之德切要之道又曰德者人心所得于天之理仁義禮智信是也此五者皆謂之德而此獨舉其德之至道者事物當然之理皆是而其大目則父子也君臣也夫婦也昆弟也朋友之交也此五者卽仁義禮智之性率而行之以爲天下之達道者也皆謂之道而此獨舉其道之要道也德也一理也見于通行者謂之道本于自得者謂之德德之至卽所以爲道之要。

孝經纂注

愚謂如人性中有仁義禮智皆德也率而行之皆道也而此獨孝爲德之至道之要者孝則仁也仁兼統之故孝爲德之至道之要本孫本吳臨川

以順天下民用和睦上下無怨　吳註孝順德順道也以順德順道順天下者天子也順達于庶人則其內之兄弟夫婦外之比閭族黨靡有乖爭順達于諸侯卿大夫士則爲下者順事其上而上無怨于下爲上者順使其下而下無怨于上天地之間一順充塞九族既睦百姓昭明黎民於變時雍人人親其親長其長而天下平唐虞成周之盛也

汝知之乎　朱申曰汝曾參知此至德要道乎○董氏曰

而不發重其事而未欲遽言之也

曾子避席　疏曰避所居之席起而對○董氏曰禮師有問避席起對○孔安國曰凡弟子請業及師之問皆作而離席○呉註曰席坐席也曾子侍師而坐師有問故起避坐席而立

曰　朱申曰答孔子言

參　又曰曾子自稱其名言

不敏何足以知之乎　呉註曰敏速也不敏猶言遅鈍此辞讓而對也○朱申曰何足以知此至德要道也

子曰夫孝德之本教之所由生　董氏曰至此方言出一孝字本立則道生移之以事君則忠矣資之以事長則順矣施之

于閨門則夫婦和矣行之于鄉黨則朋友信矣充拓得去举天下之大無一物而不在吾仁之中無一事不自吾孝中出故曰教之所由生○疏曰夫孝德之本也釋先王有至德要道教之所由生也釋以順天下民用和睦上下無怨

復坐吾語汝　董氏曰孝之義甚大而其為說甚長非立談可盡故使復位而坐而詳以告之○孔安國曰將聞大道欲其審聽故令還復本坐而後語之夫避席答對弟子之執恭也告令復坐師之恩恕也

身體髮膚受之父母　董氏曰举其大而言之則一身四體举其細而言之則毛髮肌膚此皆受之于父母者○楊慈湖曰

人咸以身體髮膚為己不知受之于父母孔子於是破其私
有之窩宅而復其本心之大公人莫切于己莫愛于己因其
愛己而啓之以受之父母則愛出于公 大全

不敢毀傷孝之始也 呉註曰毀謂虧辱（虧行辱身）傷謂破損（破損形骸）
又曰身者親之枝故愛親必自愛身始○小學本註云聖人
論孝之始以愛身為先○孟子曰失其身而能事其親者吾
未之聞也○祭義樂正子春曰父母全而生之子全而歸之
可謂全矣不虧其體不辱其身可謂全矣故君子頃步而不
敢忘孝也又曾子曰身也者父母之遺体也行父母之遺体
敢不敬乎○論語泰伯篇曾子有疾召門弟子曰啓予足啓

予手詩云戰戰兢兢如臨深淵云云○正義曰爲人子者常須戒慎戰戰兢兢恐毀傷此行孝之始也○虞淳煕曰毀傷自身就是毀傷父母雖然不該貪生怕死○薛畏齋曰若有曾子之心即龍比之身首分裂與啓手啓足一般不然老死牖下亦與刀鋸僇辱無異○案曾子曰戰陳無勇非孝也然則虧行辱身雖不損傷其形體亦不孝也蓋殺身成仁則孝在其中貪生失義者不孝之大者也

立身行道　孔安國曰立身者立身於孝也○正義曰成立其身○論語己欲立小註朱子曰立是安存底意思又曰立字兼内外而言○愚謂成立自身之德循行彝倫之道

揚名于後世以顯父母孝之終也　呉註曰揚傳播也使吾身之名傳播于沒世之後而父母之名亦因以顯○正義曰使善名揚於後代以光榮其父母○小學纂疏曰非姑為是立身行道之事以求名也蓋有實而名隨之○邢昺曰若行孝道不至揚名榮親則未得為立身也全而歸之故傳留名譽于身後所以為孝之終也

夫孝始於事親　司馬氏曰明孝非直事親而已愛親之真情五常之本百行之源故曰始於事親

中於事君　孔安國曰四十以往所謂中也未四十則不仕既七十則致仕故四十以往為中　大全曰以此大公至孝之心而事君無二道也○愚

謂君亦民之父母故移愛親之心以愛君所謂孝所以事君也○范氏曰出則事君者在邦之孝也

終於立身　直解曰忠孝兩全直到了做箇全人這便是立身的道理○愚謂守身者事親之本也然以立身終之何也張氏之言曰立身甚難自始學即為立身之事平生敬之愼之死而後已此曾子所以戰戰競競也

大雅云無念爾祖聿脩厥德　詩大雅文王篇　孔安國曰無念念也聿述也言當念其先祖而述脩其德也斷章取義上下相成所以終始孝道不以敢懈倦者以為人子孫懼不克昌前烈有累其祖故也○三山陳氏曰古人凡辭有盡而意

無窮者多援詩以吟咏其餘意○正義曰詩書之辭有當其
義者則引而證之示言不虛發也○中江氏本邦江州人作孝經啓蒙曰
此經引詩書有三義一以證之示言不虛發也一用為結語一以
取咏嘆感發之意○愚謂祖字須兼父看蓋斷章取義與詩
本意不同言不敢毀傷立身行道揚名顯父母等皆是思念
其父祖以述修之事也

子曰愛親者不敢惡於人敬親者不敢慢於人　明虞淳熙曰
其中或間以子曰字則記者見夫子答問之外有更端以告
者又有間歇而復告者故皆以子曰起之而意則未始不相
貫也○吳註親謂父母不敢惡者愛之也人謂他人自王宮

王族以至臣庶皆是不敢慢者敬之也○大義惡者愛之又慢者敬之又又曰于是首言天子之孝天子者德教之所自出也為天子而愛其親者必于人無不愛而不敢有所惡于人敬其親者必于人無不敬而不敢有所慢于人○真西山曰孝之為道不出愛敬二者而已推愛敬於親之心以愛敬人而無所疾惡慢易則天下之人皆在吾愛敬中○愚謂實有愛親之孝者自能仁於民實有敬親之順者自能禮於人是言自然之理非論工夫工夫在愛敬之上自此以下說五等之孝蓋愛敬立身之孝自天子至于庶人雖非有異而貴賤異等則其行孝之功不能無廣狹是理一而分殊也

愛敬盡於事親　孫本曰孝不外愛敬愛敬乃此經之脉絡靡
不通貫也○中江氏曰盡者極其全而無遺之意也
而德教加於百姓刑於四海　大義德教謂至德之教○中江氏
曰德教存神過化自然之教化也○吳註曰已所得人所效
曰德教加被及也百姓以國言刑儀法也四海以天下言○
直解德行教化○疏曰百姓謂天下之人皆有族姓言百舉
其多也○爾雅曰九夷八狄七戎六蠻謂之四海疏曰海之
爲言晦晦闇於禮義也○天子所以愛敬其親者如此其至矣
則近而國中遠而天下皆視效之而無不愛敬其親焉是其
德教被及于百姓儀法于四海也　臨川董鼎○案大學所謂上老

老而民興孝上長長而民興弟上恤孤而民不倍堯典所謂克明俊德以親九族九族既睦平章百姓百姓昭明協和萬邦黎民於變時雍是也

蓋天子之孝也　玄宗註蓋猶略也○正義曰孝道既廣此纔舉其大略也○孔安國曰蓋者稱辜較之辭也正義劉炫云辜較猶梗槩也　又陳其大綱則綱目必舉天子之孝道不出此域也○表記曰惟天子受命於天故曰天子○白虎通曰王者父天母地亦曰天子天子虞夏以上未有此名殷周以來始謂王者為天子也

甫刑曰　疏曰甫刑即尚書呂刑也尚書有呂刑而無甫刑孔

安國云後為甫侯故稱甫刑○書蔡傳曰呂侯為天子司寇穆王命訓以詔四方孔頴達曰書傳引此篇語多稱甫刑者呂侯子孫後改封甫後人以子孫國號名之追稱甫刑

一人有慶兆民賴之　玄宗御註一人天子也慶善也十億曰兆義取天子行孝兆民皆賴其善○正義曰善則愛敬是也○賴蒙也○孔安國曰天子稟命於天而布德於諸侯諸侯受命而宣於卿大夫卿大夫兼教而告於百姓故諸侯有善讓功天子卿大夫有善推美諸侯士庶人有善則歸之卿大夫子弟有善移之父兄由于上之德化也

在上不驕高而不危　大義在上在一國臣民之上驕矜肆也

孝經纂注

高居尊位也危不安也○御註無礼為驕○小學衷旨曰貴不與驕期而驕自至富不與侈期而侈自至○吳註危謂勢將隕墜○正義不至危傾也○吳註諸侯貴為一國之主其位之崇如自高臨下處之者易以危在臣民之上能不自驕則雖高不危謂不以陵傲召禍而致覆替

制節謹度滿而不溢　吳註曰制以刀裁物也節如竹節度如尺度有分限也溢如水之溢出富有一國之財其祿之豊如水滿器中持之者易以溢制財用之節能謹侯度則雖滿不溢謂不以僭侈費財而致虛耗○孔安國曰有制有節謹其法度○御註費用約儉謂之制節慎行禮法謂之謹度奢泰

為溢○正義制立節限愼守法度則雖充滿而不至盈溢也
高而不危所以長守貴 朱申曰則可以長保其爲君之貴
滿而不溢所以長守富 又曰則可以長保其一國之富
富貴不離其身然後能保其社稷而和其民人 吳註保謂不
亡失社土神稷穀神凡封建侯國爲立社稷之壇而祭之和
謂不爭離○大義位尊曰貴財足曰富社稷國之主也諸侯
初受封則天子賜之土使歸其國而立社稷以社主土稷主
穀民生所賴以安養者也○正義天子大社東方青南方赤
西方白北方黑中央黃土若封四方諸侯各割其方色土苴
以白苴而與之諸侯以此土封之爲社明受於天子也社土

神也稷者五穀之長亦為土神按左傳曰共工氏之子曰勾龍為后土后土為社烈山氏之子曰柱為稷自夏以上祀之周棄亦為稷自商以來祀之言勾龍柱棄配社稷而祭之即勾龍柱棄非社稷也○疏曰稷壇在社西俱北鄉並列同營共門

蓋諸侯之孝也　吳註諸侯謂五等國君公九命侯伯七命子男五命

詩曰戰戰兢兢如臨深淵如履薄氷　詩小雅小旻篇○御註戰戰恐懼兢兢戒慎臨深恐墜履薄恐陷義取為君恒須戒慎○正義曰言諸侯富貴不可驕溢常須戒慎○孫本釋疑

曰至諸侯之孝謂戰〻兢〻云者蓋諸侯思社稷民人之重故不敢驕溢敗度而後長守其富貴也

非先王之法服不敢服　疏曰大夫立朝則接對賓客出聘則將命他邦服飾言行須遵禮典非先王禮法之衣服則不敢服之身○吳註服合禮制曰法○衣裳之制始于黃帝堯舜有虞制有周制天子公侯伯子男孤卿大夫之六冕服及士之弁服吳註謙之凡服上得兼下下不得僭上服服之也○孔安國曰服者身之表尊卑貴賤各有等差故賤服貴服謂之僭上僭上爲不忠貴服賤服謂之偪下偪下爲失位

非先王之法言不敢道　朱申曰道言也法言法度之言也

非先王之德行不敢行 又曰非道德之行則不行

是故非法不言 吳註法即上文所謂法言○朱鴻曰先王制服飾以辨等威垂謨訓而示鑑戒貽矩矱以作典刑皆法也

非道不行 吳註道即上文所謂德行

口無擇言 吳註所言皆法言則口無可揀擇之言

身無擇行 吳註所行皆德行則身無可揀擇之行○疏曰就此三事之中言行尤須重慎是故非禮法則不言非道德則不行所以口無可擇之言云云

言滿天下無口過行滿天下無怨惡 吳註口過謂言不合法出口有差怨惡謂行不合道召怨取惡雖言滿天下在己亦無

口過雖行滿天下在人亦無怨惡卿大夫立朝則接對賓客出聘則將命他邦故言行滿天下

三者備矣　呉註三者服言行也人之相與先觀容飾次交言辭後考德行孟子言服堯之服誦堯之言行堯之行意與此同首服次言次行者蓋先輕而後重是故以下申言行而不及服者蓋詳重而略輕下文又以三者備矣總結之也

然後能守其宗廟　韻會宗尊也古今註廟貌也所以彷彿先人之容貌也說文廟尊先祖貌也○中江氏曰宗尊也廟貌也言先祖之尊貌之所在也○呉註祭法卿大夫立三廟宗字門中有宗廟之名也寢之前屋有東西廂者曰廟○朱申

孝經纂註

曰可以長保祖宗之廟而為祭主

蓋卿大夫之孝也　白虎通曰卿之為言章也章善明理也大夫之為言大扶扶進人者也故傳曰進賢達能謂之卿大夫○呉註卿大夫謂王朝侯國之臣王之卿六命大夫四命公侯伯之卿三命大夫再命子男之卿再命大夫一命

詩云夙夜匪懈　詩大雅烝民之篇○正義匪猶不也○朱申曰自早至夜無有懈怠

以事一人　御註敬事其君也○孫本曰夙夜云云者蓋出而事君則致謹於言行而無時敢忘君也

資於事父以事母而愛同資於事父以事君而敬同　呉註愛心

生于所親敬心生于所尊母之親与父同君之尊与父同故一取其愛一取其敬○大義資取也取事父之道以事母其愛母則同于愛父雖未甞不敬也而以愛為主以父主嚴母主恩故也取事父之道以事君其敬君則同于敬父雖未甞不愛也而以敬為主以君臣之際義勝恩故也○梁王云天子章陳愛敬以辨化也此章陳愛敬以辨情也疏○中江氏曰愛敬本相為表裏無敬之愛非天性之愛無愛之敬非天性之敬故言愛則敬在其中矣言敬則愛在其中矣事母之孝愛為表敬為裏事君之忠敬為表愛為裏

故母取其愛而君取其敬　其字指事父之孝

兼之者父也　吳註惟父親尊並至則愛敬兼隆也○朱鴻曰若夫父以恩則天親以義則嚴君故愛与敬兼之能尽愛敬則孝矣彙註

故以孝事君則忠以敬事長則順　疏曰長謂公卿大夫言其位長於士也○吳註士之位卑在上有天子諸侯為之君有卿大夫為之長皆己所當事者孝即愛也愛君為忠敬長為順○朱鴻曰移事父之孝事君則尽忠無隱而為忠移事父之敬事長則循理無違而為順彙註

忠順不失以事其上　馬融曰忠者中也至公無私一其心之謂矣○中江氏曰順亦悌也記曰長惠幼順○吳註上謂君

與長在己之上也

然後能保其爵祿而守其祭祀　朱申曰可以保其官爵與其俸祿○疏曰祭者際也人神相交際也祀者似也謂祀者似將見先人也又曰稱保者安鎮也守者無逸也社稷祿位是公故言保宗廟祭祀是私故言守也○吳註士有田祿則得祭祀其先故庶人薦而不祭士無田則亦不祭其祿位與祭祀相關○大義曰君言社稷卿大夫言宗廟士言祭祀各以其所事爲重

蓋士之孝也　説文曰數始於一終於十孔子曰推一合十爲士○白虎通曰士者事也任事之稱也傳曰通古今辯然不

然謂之士疏○吳註士謂王朝侯國之小臣及卿大夫之家臣王之上士三命中士再命下士一命公侯伯之士一命子男之士不命

詩云夙興夜寐無忝爾所生　詩小雅小宛篇○朱申曰早而起夜而卧無辱其所生父母也○無與毋通禁止辞○孔安國曰當夙起夜寐進德脩業以無忝辱其父母也

子曰用天之道　大義天之道謂天道流行為春生夏長秋收冬閉之運也我則以春耕以夏耘以秋收以冬藏此之謂用天之道也

因地之利　吳註利謂五土之宜因地之沃衍隰皐而稻粱黍

稷各隨所宜分地利也○江元祚曰高田種旱低田種晩燥
处宜黍湿处宜禾田硬宜荳山畬宜粟隨地所宜無不栽植
此便是因地之利
謹身節用　吳註謹愼其身不爲非僻不犯刑戮用財有節量
入爲出以給父母之衣食俾無闕供也○江元祚曰念我身
父母所生宜自愛恤莫作罪過莫犯刑責○又曰謹身則不
憂惱父母節用則能供給父母○朱子曰能行此三句之事
則身安力足有以奉養其父母使父母安穩快樂
以養父母　彙註不惟能養父母之口體而養志亦在其中○
中江氏曰以、以謹身節用也養包口体志言謹身所以養志也節用所以養口体也○江元祚曰父母既亡保守遺体勤修祭祀與孝養一同○小學集疏天子有四海諸侯有國卿大夫有家士有禄不患其不能養而愛敬之道在當盡庶人非力則無養

此庶人之孝也　正義曰自天子至士孝行廣大其章畧述宗綱所以言蓋也庶人用天因地謹身節用其孝行已盡故曰此○御註庶人為孝唯此而已○案自天子至士之孝間有可通行者其各所為任者亦大略也故皆曰蓋唯庶人之孝非可通行者而專庶人之責也故直指曰此○庶人泛指衆人士以下皆謂庶人○孫本曰庶人独不引經者以其無疑故

不必饑也。汪元祚曰此章凡二十二字今鐫小板頒示父老勸衆朝朝誦念字字奉行如此則在鄉為良民在家為孝子

故自天子以下至於庶人　孔安國曰故者故上陳孝五章之義也。自字至字內諸侯卿大夫士皆在。董鼎曰唐玄宗云五孝之用則別而百行之源不殊

孝無終始而患不及者未之有也　吳註孝之終謂立身孝之始謂事親孝無終始謂不能事親立身。直解孝無終始者行孝有頭沒後。小學章句曰天子諸侯卿大夫甚則失其天下國家不甚則亦遭危亂而士庶人必罹禍及其身。董

鼎曰上自天子下至庶人各盡其孝而有終始則福必及之如前所云者苟或雖知爲孝而無終始則禍必及之蓋所謂孝者雖有五等之別實爲百行之本其始于事親終于立身則天子至庶人一而已故夫子通說此戒以結上文之旨云○正義曰自古至今未有此理蓋是勉人行孝之辭也

曾子曰甚哉孝之大也　明虞淳熙曰曾子平日但知孝在保身而不知通於天下若此故贊之曰甚哉孝之大也○曾子聞夫子之教而有見於孝道之大故有此贊美

子曰夫孝天之經地之義民之行　朱申曰在天爲經常之理在地爲利物之義在民爲百行之首○董氏曰天以陽生物

父道也地以順承天母道也天以生覆為常故曰經地以承
順為宜故曰義人生天地之間稟天地之性如子之肖像父
母也得天之性而為慈愛得地之性而為恭順慈愛恭順即
所以為孝故孝者天之經地之義而人之行也○註疏曰利
物為義地之道順承天而成物利莫大焉○朱鴻曰在民則
為懿行五常由之而為德之本
天地之經而民是則之　御註天有常明地有常利言人法則
天地亦以孝為常行也○朱鴻曰天地經常不易之道而民
法則之所謂性也○吳註則效法也蓋孝者天地之理民效
法而行之既分言天經地義又總言天地之經則義在其中

矣○愚謂則有物有則之則民則之者民之秉彜也

則天之明　吳註上文言民以天地之理而為行此言聖人以天地之理而為教也明理之顯著者則所謂經也○天之明則天之明命易所謂乾道變化各正性命是也

因地之利　中江氏曰因遵依也與襲水土之襲同易曰坤主利又曰利者義之和言地之生物順天理之宜而無所乖戾是以無不利故以利為地道之稱

以順天下　直解曰將來順著百姓自然的孝心○集解註順此以施政教於天下○法天明因地義以此和順天下之民所謂協和萬邦也

是以其教不肅而成其政不嚴而治　肅敬肅也嚴威厲也○

吳註教者化誨而使之效政者勸禁而使之正也肅言其聲容儼言其法令信從其教之謂成服從其政之謂治○大義其爲教也不待戒肅而自成其爲政也不假威嚴而自治無他孝者天性之自然人心所固有是以政教之速化如此

先王見教之可以化民也　字彙以道業教人謂之教躬行于上風動于下謂之化○蔡虛齋曰教因其不能而教之也化則不能者能矣○案修道之曰教先王見得孝道之教可以化民人

是故先之以愽愛而民莫遺其親　朱鴻曰先推愛親之心以

愽愛其民而民皆法則之施由親始無有遺棄其親者○虞淳熙曰先王把愛父愛母極大的愛來順天下天下人自然不忍遺棄二親

陳之以德義而民興行　孔安國曰陳布也布德誼以化天下虞淳熙曰將此仁愛之所統喚做德義的○徐鴻曰陳諭德義之美以感動民心民皆興起于行而奮發勇為無有甘于暴棄者

先之以敬讓而民不爭　朱申曰先以恭敬謙讓率民而民無有相爭鬪者

導之以禮樂而民和睦　導開導也○真西山曰敬者禮之本

制度威儀者禮之文和者樂之本歌舞八音者樂之文○北溪陳氏曰就心上論禮只是箇恭敬底意樂只是箇和樂底意○朱鴻曰道民以禮而節其行道民以樂而平其情禮陶樂和内外交養民便自然和順親睦

示之以好惡而民知禁　示垂示也又告也教也○朱鴻曰又示以善之當好惡之當惡善則有慶賞惡則有刑威民便怕犯禁令從其好而違其惡也○孔安國曰好謂賞也惡謂誅也賞罰明而法禁行○虞淳熙曰曰博愛曰德義曰敬讓曰禮樂曰好惡乃先王之教也曰莫遺親曰興行曰不爭曰和睦曰知禁乃先王之化民也

詩曰赫赫師尹民具爾瞻　詩小雅節南山篇○朱申曰尹氏爲太師其位赫赫然顯盛也○孔安國曰太師周之三公也○朱子曰言在上者人所瞻仰不可不謹○虞淳熙曰尹氏不過是太師百姓且瞻望他況天子爲四海具瞻可不立敎以化民乎

子曰昔者明王之以孝治天下也　大義曰昔者謂先代明王明哲之主○吳臨川曰以孝治天下謂天子能孝于先王而推其愛敬于一家一國以及天下之萬國也

不敢遺小國之臣而況於公侯伯子男乎　孫本曰不遺者愛也不敢遺者敬也○吳註遺謂忘之而不省錄小國之臣謂

子男之卿大夫○朱鴻引董氏曰不敢之心即祗慎之誠即經言天子之孝不敢惡慢于人是也○大義曰小國之臣謂土地褊小不能五十里附于諸侯曰附庸是也○孟子曰公一位侯一位伯一位子男同一位云云公侯皆方百里伯七十里子男五十里凡四等不能五十里不達於天子附於諸侯曰附庸又曰大國地方百里次國地方七十里小國地方五十里○疏曰公者正也言正其事侯者侯也言斥侯而服事伯者長也為一國之長也子者字也言字愛於小人也男者任也言任王之職事也

故得萬國之懽心以事其先王　大義曰合大小之國極言其

多故曰萬國○正義曰經先王有六皆指前代行孝之王此章先王指行孝王之考祖○朱申曰能得萬國諸侯懽悅之心諸侯各以其職來助祭於先王○吳臨川曰天子無生親可事故以事其先爲孝

治國者不敢侮於鰥寡而況於士民乎　大義曰此言諸侯之孝治諸侯治一國者也老而無妻曰鰥老而無夫曰寡此二者則所謂天下窮民與夫疲癃殘疾顛連無告皆在矣侮忽也一命已上爲士民則農工商賈也諸侯有卿大夫只言士民亦舉小以見大耳○朱鴻曰侮謂忽之而不矜恤

故得百姓之懽心以事其先君　董氏曰百姓或謂百官族姓

或謂民孚姓衆之為備○玄宗註諸侯能行孝理得所統之懽心則皆恭事助其祭享也○疏曰所統之人則皆恭其職事獻其所有以助祭於先君○吳註諸侯亦無生親可事故以事先君為孝

治家者不敢失於臣妾而況於妻子乎　董氏曰此言卿大夫之孝治士庶人亦并舉矣吳註能孝于親而推其愛敬于一家之人也失謂不得其心臣妾家之賤者妻子家之貴者○疏曰臣妾是奴婢之賤者

劉炫曰遺謂意不存録侮謂忽慢其人失謂不得其意小國之臣位卑或簡其禮故曰不敢遺也鰥寡人中賤弱或被人

輕侮欺陵故曰不敢侮也臣妾皆事産業宜須得其心力故曰不敢失也

故得人之懽心以事其親　呉註人通妻子臣妾而言○夲宗註能孝治其家則得小大之懽心助其奉養

夫然故　正義曰此總結天子諸侯卿大夫之孝治也○董氏曰此總結治天下國家三節夫然猶言惟其如此也故猶言是以如此也

生則親安之祭則鬼享之　正義曰親若存則安其孝養沒則享其祭祀○大義曰生謂父母存時祭謂沒後奉祀安者其心無憂享者其魂來格人死曰鬼氣屈而歸也○虞氏曰凡

人含怒忍辱屈意服事于人面前必有不甘心的顏色背後必有不甘心的言語受他服事享用終不安樂如今聚着這許多懽心事生存的父母父母心裏也懽悅有甚不安樂處聚着許多懽心去事亡過的父母父母的神靈也懽喜有甚不歆享處

是以天下和平災害不生禍亂不作　吳註挙天下則國家在其中又曰天災之甚者為害人禍之甚者為亂○董氏曰昔天之下既和且平和則無乖戾之氣故災害不生平則無怨逆之事故禍亂不作災害如水旱疾疫生于天者也禍亂如賊君弑父作于人者也○直解曰天道和便災害不生人心

孝經集註

順便禍亂不作

故明王之以孝治天下如此　朱申曰明王以孝道治天下其效有如上文

詩云有覺德行四國順之　詩大雅抑之篇覺大也詩箋云有大德行則天下順從其化○玄宗註天子有大德行則四方之國順而行之○正義同○正義曰夫子述昔時明王孝治之義畢乃引詩贊美也

曾子曰敢問聖人之德其無以加於孝乎　曾子既有見乎德無以加於孝故以正於夫子

子曰天地之性人為貴人之行莫大於孝　吳臨川曰性者人

物所得以生之理行人之所行也人物均得天地之氣以為質均得天地之理以為性然物得氣之偏而其質塞是以不能全其性人得氣之正而其質通是以能全其性而與天地一故得天地之性者人獨為貴物莫能同也性之仁義禮智統于仁仁之為愛先于親故人率性而行其行莫大于孝也○虞氏曰天地生生之心叫做性天地之性就是人人比天地一般何等尊貴莫非萬物可比○正義性生也言天地之所生唯人最貴也○禮運曰人者五行之秀氣也尚書人萬物之靈○荀子曰水火有氣而無生草木有生而無知禽獸有知而無義人有氣有生有知亦且有義故最為天下貴也

孝莫大于嚴父嚴父莫大于配天則周公其人也　正義曰孝行之大者莫大於尊嚴其父○大義曰嚴尊敬也配合也周公文王之子武王之弟成王之叔父名旦食采于周位三公故稱周公人子之孝于親者無所不至而莫大于尊敬其父尊敬其父者亦無所不至而莫大于配享上天惟天為大尊無與對而能以己之父與之配享所以尊敬其父者至矣極矣然仁人孝子愛親之心雖無窮而制禮之節則有限求其能盡孝之大而嚴父以配天者則惟周公其人也○中江氏曰其人猶言行嚴父配天之孝人也○疏曰按禮記有虞氏尚德不郊其祖夏殷始尊祖於郊無父配天之禮也周公大

聖而首行之○二程全書四十粹言曰或問嚴父配天作以
不言武王而曰周公其人也程子曰周家制作皆自乎周公
故言禮必歸焉○吳註陵陽李氏曰此言周公制禮之事爾
猶中庸言周公成文武之德追王大王王季也○孝經釋疑
曰論孝之極必當盡孝之量今載籍中論大孝之親切者莫
如孟子孝子之至莫大乎尊親尊親之至莫大乎以天下養
云云更有宗祀文王如周公者乃為尊養之極配上帝者尊
之至也四海來祭者養之至也孝之分量所及至於如此而
非有加於孝之外也夫子以此明聖德無加於孝至親切矣
然豈欲人之行孝必如此哉周公亦會逢其適而已○彙註

虞氏曰雖大聖人也只是此心性又豈能在人性上添一物乎當初周公但制禮文後人止要明白禮義豈宜稽用禮義悟得此禮義透徹人人可以事父配天不必周家父子時可以事天事親不必冬至季秋○中江氏曰以所以事天之道事其親此之謂配天孟子曰存其心養其性所以事天也即首章不敢毀傷立身行道全存心法也記曰仁人之事親也如事天事天也如事親是謂孝子成身由是觀之雖行耕伏敬聦之敬不以所以事天事其親則非嚴父之至故曰嚴父莫大於配天必勿在郊祀宗祀上而講配天郊祀宗祀只是配天之至極而周公之所獨也

昔者周公郊祀后稷以配天宗祀文王於明堂以配上帝　正義曰前陳周公以父配天因言配天之事昔武王既崩成王年幼即位周公攝政因行郊天祭禮○大義曰郊祀祭天也祭天于南郊故曰郊后稷舜之臣名棄舜命為稷使教民播種百穀始封于邰為諸侯君其國故稱曰后稷是為周之始祖文王太王之孫王季之子武王之父名昌明堂王者出政布治之堂南面向明故曰明堂宗祀謂宗廟之祭也天以形体言上帝以主宰言天子言昔日周公之制禮也郊祀祭天則以后稷配尊后稷猶天也宗祀祭帝則以文王配尊文王猶帝也○呉臨川曰郊者國門之外宗者文王之廟明堂者

廟之前堂凡廟之制後爲室室則幽暗前爲堂堂則顯明故曰明堂享人鬼尚幽暗則于室祀天神尚顯明故于堂也上帝即天也祀之于郊則尊之而曰天祀之於堂則親之而曰帝冬至於國門外之南郊築壇爲圓丘祀天以始祖后稷配季秋于文王廟之前堂祀帝而以文王配后稷封于邰周家有國之始文王三分天下有其二周家有天下之始故以后稷配天文王配帝也明堂之名制見大戴禮周禮朱子有明堂說

○朱子語類曰周公創立一箇法如此將文王配明堂永爲定例以后稷郊推之自可見○又曰問帝只是天天只是帝卻分祭何也曰爲壇而祭故謂之天祭於屋下而以神祇祭

之故謂之帝
是以四海之內各以其職來助祭夫聖人之德又何以加於孝
乎
吳臨川曰四海之內謂四方諸侯其職謂土物之貢疏曰各
以其職來助祭者四海之內六服諸侯各修其職貢方物也
按周禮大行人以九儀辨諸侯之命廟中將幣三享又曰諸
服貢禮物鄭云犧牲之屬甸服貢嬪物註曰絲枲也男服貢
器物註曰尊彝之屬也采服貢服物註曰玄纁絺纊也衛服
貢材物註曰八材也要服貢貨物註曰龜貝也此是六服之
諸侯各修其職來助祭又若尚書武成篇曰丁未祀於周廟

邦甸侯衛駿奔走執籩豆亦是助祭之義也○朱子曰此因論武王周公之事而贊美其孝之辭非謂凡爲孝者皆欲如此也況孝之所以爲大自有親切處而非此謂乎若必如此而後爲孝則是使爲人臣子者皆有今將之心而反陷于大不孝矣讀者不以文害意焉可也○大義曰周公之所以尊敬其祖父如此是以德教刑于四海四海之内爲諸侯者各以其職分所當獻皆來助祭孝道之感人若此則夫聖人之德又有何者可以加於孝乎○正義曰周公聖人首爲尊父配天之禮以極於孝敬之心則聖人之德又何以加於孝乎○中江氏曰雖聖人之峻德充孝德本然之量而已故曰聖

人之德又何以云云

故親生之膝下以養父母日嚴　玄宗註親猶愛也膝下謂孩幼之時也言親愛之心生於孩幼比及長年漸識義方則日加尊嚴能致敬於父母也○直解曰大凡人之兒子幼小時節在父母的膝下便有那親愛的心尚未知有嚴敬的心及到長成時知道奉養父母方纔逐日生將嚴敬的心出來○朱申註以養父母日嚴能敬養於父母也○正義曰此更廣嚴父之由

聖人因嚴以教敬因親以教愛　直解曰聖人因人子元有那嚴敬的心教他去行恭敬因人子元有那親愛的心教他去

行親愛聖人教人行孝只順着人的天性不是去勉強他○吳註因其固有而教之耳

聖人之教不肅而成其政不嚴而治　大義曰所以教之愛敬者不過啓其良心發其善性而非有所待乎外也故其教不待肅而自成其政不待嚴而自治○正義曰聖人因之以施政教不待嚴肅自然成治也

其所因者本也　其指政教○朱申曰由政教之所因者本於孝也○孔安國曰以其皆因人之本性故也○彙註朱鴻曰夫曰因則非強世曰本則非外鑠

子曰父子之道天性君臣之義　吳註父慈子孝天性之本然

父尊子卑又有君臣之義亦天分之自然也○易家人卦曰家人有嚴君焉父母之謂也是謂父母為嚴君也○大義曰此節雖別以子曰字更端是兼上節之意父子之道天性謂親也君臣之義謂嚴也○大學曰孝者所以事君也慈者所以使衆也亦此之謂也

父母生之續莫大焉　吳註人子之身氣始于父形成于母其體連續是為至親無有大于此者○朱申曰傳體相續人倫莫大於此○正義曰按說文云續連也言子續於父母相連不絕也

君親臨之厚莫重焉　張氏曰父之於子至親之中有君道焉

不惟愛之而已養育之教誨之實家人之嚴君也○呉註曰家人有嚴君焉父母之謂也既為我之親又為我之君而臨乎上其分隆厚是為至尊無有重于此者○玄宗註父為君以臨於己恩義之厚莫重於此

故 按諸本有故字安國註無故字有子自文公考定作予故

曰

不愛其親而愛他人者謂之悖德不敬其親而敬他人者謂之悖禮

大義曰親親而仁民仁民而愛物如水之一源如木之一根千派万枝皆其發也孟子一本之説如是○小學章句曰德

主於愛而莫先愛親禮主於敬而莫先敬親反是則為逆○
吳註悖逆也由本及末為順舍本趨末為逆○虞氏曰若不
愛其親反愛他人愛雖是德也只時做悖德若不敬其親反
敬他人敬雖合禮也只時做悖禮○大凡道理順則吉逆則
凶悖德悖禮是二種凶德也朱申以為悖逆於德禮也
以順則逆民無則焉　直解云聖人教人行孝本是順的勾當
今自家逆了教百姓如何做法則○朱申曰人君發愛敬
當由親而及人然後為順今乃逆而施之則民何所取法也
○一說以順則句逆民無則
不在於善而皆在於凶德　朱申曰此身不在愛親敬親之善

而皆在悖德悖禮之凶德也○正義曰在謂心之所在也
雖得志君子所不貴也　志字諸本作之今從孔安國本○朱
申曰雖得志於人上非君子之所貴○疏云不貴賤惡之也
○孔安國曰不義而富貴於我如浮雲
君子則不然　君子則不悖德悖禮而盡愛敬事吾親者也
言斯可道　江元祚曰古文孝經思字作斯覺妥○斯字語助
辭○玄宗註道言也可言而後言則人必信○朱鴻曰以愛
敬之德發之于言則言為可道
行斯可樂　玄宗註可樂而後行則人必悅○正義曰樂謂使
人悅服也○朱鴻曰以愛敬之德措之于行則為可樂

德義可尊 玄宗註立德行義不違正道故可尊○疏云德者得於理也義者宜於事也得理在於身宜事見於外故能爲人所尊也

作事可法 孔安國曰制作事業動得物宜故可法也

容止可觀 又曰容止威儀也○玄宗曰必合規矩則可觀○直解容貌舉止可以教人觀瞻也

進退可度 玄宗曰進退動靜也不越禮法則可度也○孔安國曰度禮法也○朱鴻曰以著行藏進退可法度也

以臨其民是以其民畏而愛之則而象之 則效法也象摹倣之也○朱申曰人君行此六者以臨下民所以其民畏君之

威愛君之德皆以君為法則而倣象之
故能成其德教而行其政令　其字諸本或有或無○玄宗註
上正身以率下下順上而法之則德教成政令行也
詩云淑人君子其儀不忒　詩曹風鳲鳩篇○玄宗註淑善也
忒差也義取君子威儀不差為人法則○朱鴻曰必有瑟僩
之德而後有赫喧之威儀故云淑人君子其儀不忒
子曰孝子之事親　孝子則記所謂孝子之有深愛者是孔子
言孝子事親之始終
居則致其敬　平義曰致猶盡也平常居處家之時也當須盡
於恭敬○大義曰致者推之而至其極也○朱申曰平居則

盡其恭敬○愚謂居謂子在父母之所而家居之時致其敬如昏定晨省聽於無聲視於無形夔夔齊慄之類凡敬親之心無不至○孝經集解孝子之事親也隨在各極其致隨事悉盡其心

養則致其樂　大義曰養謂飲食奉養之時○案養謂子受甲祿以奉養父母之時○大義曰樂者歡樂悅親之志也○曾子曰孝子之養老也樂其心不違其志樂其耳目安其寢處以其飲食忠養之○正義曰若進飲食之時怡顏悅色致親之孝下氣怡色柔色以溫皆是也○小学句讀云樂謂愉色婉容案此説致吾心之樂以養親也蓋如此則其字皆一例

俱指子之心○王荊公詩云古人一日養不以三公換

病則致其憂　直解父母有疾病時則要調護醫治盡那憂慮

喪則致其哀　大義曰喪謂不幸親死服其喪也哀哀戚追念痛切也

祭則致其嚴　直解時節祭祀時則要齊戒沐浴盡那嚴謹

五者備矣然後能事親　朱申曰敬樂憂哀嚴五者皆全備然後能盡事親之道○中江氏曰能字有力如有所未備則非能事親也○子曰至此教之以善也

事親者居上不驕　直解曰在衆人上面休要依勢驕傲○大義曰居人上則莊敬以臨下而不可驕矜○小学衷旨此節

言孝身乃所以事親

為下不亂　董氏曰為人下則當恭謹以事上而不可悖亂○真觧曰在衆人下頭休要犯上作乱

在醜不爭　吳註醜衆也謂與己同等者也○董氏曰在己之醜類等夷則當和順以處衆而不可爭競

居上而驕則亡　吳註居人之上而矜肆以陵下則必取滅亡

為下而亂則刑　吳註為人之下而悖逆以犯上則必遭刑戮

在醜而爭則兵　吳註兵謂相刄在同等之中而與之闘爭則必相戕殺

此三者不除雖日用三牲之養猶為不孝　三牲牛羊豕也○

呉註驕亂爭三者皆喪身之事苟或不除則親之遺體將不能保雖日具盛饌以養親之口體何足爲孝哉○玄宗註曰孝以不毀爲先言上三事皆可亡身○大義曰事親者至此此戒之以不善也

子曰五刑之屬三千而罪莫大于不孝　直解曰孔夫子前面幾章都是教人行孝這一章警戒人休要不孝○呂刑曰墨罰之屬千劓罰之屬千剕罰之屬五百宮罰之屬三百大辟之罰其屬二百五刑之屬三千○五刑墨劓剕宮大辟也蔡氏書傳曰墨刻額而涅之也劓割鼻也剕刖足也宮淫刑也男子去勢婦人幽閉閉於宮使不得出也大辟死也辟法也○大義曰髠者

刺字而涅之以墨劓截其鼻刑罰之條目雖如此多而罪之至大者無過於不孝○吳註刑施于有罪者然三千條之中不孝之罪為最大○孝經集解曰屬條目也○彙註曰此因上文不孝及之刑者治道所不容誅不孝以驅之于孝也

要君者無上　吳註要君謂脅束之使從已○朱申曰君者臣之所稟命而敢要挾之是無上也

非聖人者無法　朱申曰聖人制作禮法而敢非毀之是無法也○中江氏曰非聖人謂不尊信也所謂侮聖人之言是也

非孝者無親　董氏曰人莫不有父母也而敢以孝道為非是無親也○非孝者無愛敬真心是無親也

此大乱之道也　彙註曰人必有親以生有君以安有法以治而後人道不滅國家不亂若三者皆無豈非大亂之道乎○正義曰言人不忠於君不法於聖不愛於親此皆為不孝乃是罪惡之極故經以大亂結之也○人有此三罪者人道滅矣故曰大亂之道道謂所由行也○董氏曰三者又以不孝為首蓋孝則必忠于君必畏聖人之法矣

子曰教民親愛莫善於孝　孝於父母乃親愛之本故教民親愛莫加於孝也朱申○孔安國曰欲民之相親愛則無善於先教之以孝也

教民禮順莫善於弟　朱申曰弟於兄長乃禮順之本故教民

禮順莫加於弟也○案正義孝弟俱爲君身自行言君能行孝弟則民效之皆親愛其君以禮順從其長也又曰親愛民親於君而愛之禮順民禮於長而順之

移風易俗莫善於樂　直解曰要移易百姓不好的風俗做好的風俗無過于那音樂可以化人○上行下效謂之風民志一定謂之俗○吳臨川曰風者上之化所及俗者下之習所成移謂遷就其善易謂变去其惡由父子之和而被之聲容以爲樂則氣體調暢而無有乖戾所以風隨上遷俗自下而變也

安上治民莫善於禮　玄宗註曰禮所以正君臣父子之別明

男女長幼之序故可以安上化下也○安謂不危治謂不亂得其序之謂禮禮有上下尊卑之分則森嚴而無有陵犯所以為上者不危為民者不亂也○大義曰此經本以孝為要道而四者之中孝又為要孝于親必悌于長孝悌之人心必和順和則樂也順則禮也四者相因而舉有則俱有矣

禮者敬而已矣　而已矣者竭盡無餘之辭也○吳註又承上文禮字而言禮之實不過敬而已○朱申曰禮有本有文而敬為禮之本○孔安國曰禮主於敬經禮三百威儀三千皆殊事而合敬

故敬其父則子悅敬其兄則弟悅敬其君則臣悅　直解人能

自家敬其父親則凡為人子的心都歡喜能自家敬其兄長則凡為人弟的心都歡喜能自家敬其君主則凡為人臣的心都歡喜○吳註居上者自敬其父兄君則下之為人子為人弟為人臣者效之各皆惟悅以事其父兄君矣○悅理義之悅我心之悅也○中江氏曰悅謂愛敬之眞心感通而興孝也○上老老而民興孝上長長而民興弟是也

敬一人而千萬人悅所敬者寡而悅者衆此之謂要道　正義曰一人謂父兄君千萬人謂子弟臣也○吳註曰夫上之自敬其父兄君也所敬者不過一人若是其寡也下效之而和悅于其父兄君者乃至千萬人焉若是甚衆也此所以為道

之要○正義前所言先王有至德要道者皆此義之謂也○下說一人指其父而言敬其兄敬其君亦皆愛敬父之推而所謂兼之者父也畢竟統於敬父一人而已矣故結之以敬一人而示一本之蘊焉千万人指天下之為人子弟臣者而言

子曰君子之教以孝也非家至而日見之也　言在施得其要家指天下之家○吳註以孝教天下之人者不待谷至其家日見其人而語之但上所行下自效之耳○直解曰不是家家行到而諭日日相見而誨之只是自家行孝百姓都化了

教以孝所以敬天下之為人父者也教以弟所以敬天下之為

人兄者也教以臣所以敬天下之為人君者也
吳註孝施于兄則為悌施于君則為忠同上順德也上之人躬行孝悌忠以教則天下之人無不效之而各敬其父兄與君是上之人自敬其父兄君者乃所以敬天下之為人父為人兄為人君者也○彙註自敬其父兄與君是即教天下以子弟臣之道也○中江氏曰臣謂臣道則忠敬也忠本孝中之一端故所以事家人嚴君之敬所以教臣也經曰以孝事君則忠此意也

詩云豈弟君子民之父母　吳註詩大雅泂酌之篇豈樂也弟易也躬行孝悌忠之德者樂易之君子也人皆效之而各敬

其父兄與君是足以為民之父母〇直解曰君子將和樂平易的道理化百姓百姓都將做父母一般敬愛他

非至德其孰能順民如此其大者乎　直解曰孔子又解說引詩的意思〇中江氏曰順字乃指上文子弟臣之悅而言民指天下之人如此指上文教化〇吳註非孝之至德其何能達此一順之德于天下之大乎〇正義曰言樂易之君子能順民心而行教化乃為民之父母若非至德之君其誰能順民心如此其廣大者乎

子曰昔者明王事父孝故事天明事母孝故事地察　正義曰明王明聖之王又曰與先王一也又曰白虎通云王者父天

母地此言事者謂移事父母之孝以事天地又曰明天之道察地之理○中江氏曰子曰仁人之事親也如事天事天如事親由是觀之則聖人之一言一動皆事父母之孝而事天地之明察也○語類朱子曰明察是彰著之義能事父孝則事天之理自然明能事母孝則事地之理自然察○董氏曰易曰乾天也故稱乎父坤地也故稱乎母父有天道母有地道王者繼天作子父天母地凡其所以事天地之道亦不外事父母之道而已又曰明字氣象大聰明睿知無所不照察則工夫細文理密察無所不周○朱申曰事父母孝則明察於事天地之道矣○孔安國曰事天地不失其道則天地之

精爽明察也一是誠叙○吳註此言孝之推也王者事父母于宗廟而孝故事天地于郊社亦明察也蓋事天如事父事地如事母能事父母則知所以事天地矣明察謂于其禮其義能精審也

長幼順故上下治　中江氏曰長幼謂天子所長所幼也長其長幼其幼能和睦而無所乖戾此之謂長幼順上下泛指天下尊卑長幼而言治謂安其分而不亂也○吳註此言悌之推也悌于家而長幼之序順故自國至天下皆興悌而上下之分不亂也○朱申曰長有上之道幼有下之道故長幼順而上下治也○董氏曰長幼順蓋就事父母推之

天地明察神明彰矣　朱申曰事天明事地察○朱鴻曰神明即天地之神明彰即化土之彰顯若天時順而休徵地道寧而咸若是也○正義神明之功彰見謂陰陽和風雨時人無疾厲天下安寧也吳註曰天地之神而曰明者言雖幽而顯也

故雖天子必有尊也言有父也必有先也言有兄也　先者先而敬之也○大義曰必有尊也言有父也因事父事母孝丁句必有先也言有兄也因長幼順句誰無父母兄長皆可為孝○吳註申上文長幼順之義○註疏父謂諸父兄謂諸兄諸儒依之○孫本曰繼世而立固無生父生兄可事而宗廟

之中事死猶生也○直解只作父兄而看彙註大義同

宗廟致敬不忘親也脩身慎行恐辱先也　吳註申上文事父孝事母孝之義致推之至極也謂天子宗廟之祭極盡其敬者不忘其親也謂之親者視如生存也此事親之孝平居修身謹慎所行者恐辱其先也謂之先者念所本始也此立身之孝祭時知所以事親而平日不知所以立身亦未得為孝也

宗廟致敬鬼神著矣　吳註致敬于宗廟則父母之鬼神著矣著猶祭義致愨則著之著如見所祭也人鬼而曰神者言雖屈而伸也○玄宗註事宗廟能盡敬則祖考來格享於克誠

故曰著也○案著照著而不可掩也所謂微之顯洋洋乎如在其上如在其左右是也

孝弟之至通于神明光于四海無所不通　呉註通感格而無隔礙光謂變化而有光輝由宗廟事父母之孝充之以事天地而神明彰此孝之至而通于神明也由一家長幼順之悌充之以治國平天下而上下治此悌之至而光于四海無所不通也○大義曰自充吾一念之孝弟而至其極則其幽也可以通于神明其顯也可以光于四海○中江氏曰弟亦孝中之一件而已故雖孝弟兼举孝上重看

詩云自西自東自南自北無思不服　呉註思語辭○孔安國

云詩大雅文王有聲之章也美武王孝德之致而四方皆來服從與光于四海無所不通義同故舉以明此義也○朱申曰無不心悅而誠服者○正義曰夫子述孝悌之行愛敬之美既畢乃引詩以贊美之夫從近及遠四方皆感德化以明無所不通

子曰君子之事親孝故忠可移於君　玄宗註以孝事君則忠　正義曰經稱君子有七已上五者皆指於聖人君子之事親孝君子之事上皆指於賢人

事兄悌故順可移於長　玄宗註以敬事長則順○小學大全長謂職位在已上者夫孝兼為百行源事親能孝則可移為

事君之忠矣事兄能弟則可移爲事長之順矣

居家理故治可移於官　中江氏曰理謂物得其理而不亂也治亦理也居家理謂齊家人而各得其理而不紊也治謂官政得其理而不亂曰理曰治皆孝中之一德也○董氏曰惟孝友于兄弟克施有政故治可移于官

是以行成於內而名立於後世矣　玄宗註脩上三德於內名自傳於後代○呉註行即行此孝弟理三者成謂完備也必可移而後謂之成身存而行成故身沒而名立內對外言後對今言蓋行成於內則名立於外名立於後由行成於今也○董氏曰名非君子所尚也又曰君子疾沒世而名不稱焉

聖人豈教人以好名哉名者實之賓有其實者必有其名苟
沒世而名不見稱則終其身無為善之實矣是以君子疾之
苟疾其名之不稱當常恐其實之不至而孜孜勉焉可也

子曰止後世矣節　孫本曰上以明王之居尊位者言其孝
可以通天地通鬼神通四海固無所不通此以士之無位者
言其孝可以通于君通于長通于官各有所通也

子曰閨門之內　字彙云宮中門小者曰閨上圓下方如圭故
曰閨門○朱申曰閨小門也言一家之中也○大義曰上章
言以治家之道而推之于一國此章又以治國之道而施之
于一家

具禮矣乎　禮理也治國之道理無不具備有如下文所云

嚴父嚴兄　尊嚴其父卽事親之孝也所謂孝者所以事君也尊嚴其兄卽事兄之弟也所謂弟者所以事長也

妻子臣妾猶百姓徒役也　朱申曰一家之中有妻子臣妾猶一國之中有百姓徒役也○百姓謂百官也○按周禮六官之屬各有徒註曰民給徭役者號曰徒食五人祿其官亞士故號庶人在官者也役使也徒役謂庶人之役使於官者也○朱子曰此因上章三可移而言嚴父孝也嚴兄悌也妻子臣妾官也○大義曰恐其閨門之內狎恩恃愛易以流于親愛昵比之私故謂雖處閨門之內一國之理實具焉嚴父有

君之道嚴兄有長之道妻子臣妾即百姓徒役也以此施之則義有以制私尊卑内外整〻然其有條理矣此實治家之要道也

曾子曰若夫慈愛恭敬安親揚名　疏曰愛出于内慈為愛体敬生于心恭為敬貌○慈愛恭敬如愛敬盡於事親之類安親是安親心也五備之孝亦皆所以安親也揚名即揚名於後世也

參聞命矣　曾子稱名曰已聞教訓之命矣

敢問從父之令可謂孝乎　大義曰敢問為人子者一以順從為孝然則父母有命令將不問可否而悉從之然後可以為

孝乎○案曾子悉父子責善賊恩且愛敬之至不忍於輒違逆所以有此問

子曰是何言與是何言與　朱申曰此是何等言語與言不得爲孝也○疏云再言之者明其深不可也○大義曰見非而從成父不義夫子故重言是何言與以戒之○吳註孝子於親有從順而無違逆然親有過而亦從順則陷親於不義矣故必下氣怡色柔聲以諫諫若不入起敬起孝悅則復諫三諫不聽則號泣而隨之庶可以感悟其親也

言之不通也　此一句今文欠之○朱申曰其言不違於理

昔者天子有爭臣七人雖無道不失其天下諸侯有爭臣五人

雖無道不失其國大夫有爭臣三人雖無道不失其家
玄宗註爭謂諫也○呉註爭諫止其非君有爭然○天子七
諸侯五大夫三降殺以兩舊説以為諫官之定數董氏曰非
必以數拘也○眞氏曰無道而不失天下國家者蓋于失道
必爭之雖失而旋從所以免于危亡也○韓詩外傳云天子
有爭臣七人云云昔殷王紂殘賊百姓絶逆天道然所以不
亡者以其箕子比干之故也微子去之箕子執囚為奴比干
諫而死然後周加兵而誅絶之諸侯有爭臣五人云云呉王
夫差為無道然所以不亡者有伍子胥之故也子胥死後三
年越乃能攻之大夫有爭臣三人云云季氏為無道僭天子

然不已者以冉有季路爲宰臣也故曰有諤〻爭臣者其國昌有默〻諛臣者其國亡

士有爭友則身不離於令名　司馬公曰士無臣故以友爭○令善也

父有爭子則身不陷於不義　陳選曰父有爭子通上下言之不義則無道也

故當不義則子不可以不爭於父臣不可以不爭於君　董氏曰君有過則諫三諫而不聽則去於友則忠告而善道之不可則止又曰事父母幾諫見志不從又敬不違勞而不怨起敬起孝悅則復諫必其從而後已此又有非臣與友之所得

為者天子諸侯大夫士之子均為子也均愛父也父若有過子必幾諫無誘之諍臣諍友可也夫子是以總言之曰云云先父子而後君臣其旨深矣

故當不義則爭之從父之令焉得為孝乎　董氏曰所以結一章之旨而終是何言與之義也○焉得為孝乎反言者所以甚戒之也○彙註曰夫子常言在醜不爭如今叫做爭子爭臣豈是面折君父肆無忌憚○案雖以當不義則爭之為孝而直諫違逆亦不孝也見祭義論語內則曲禮之語而可看祭義曰父母有過諫而不逆○論語曰事父母幾諫見志不從又敬不違勞而不怨○內則曰父母有過下氣怡色柔聲

以諫諫若不入起敬起孝説則復諫○曲禮曰子之事親也
三諫而不聽則號泣而隨之
子曰君子之事上也　承上文諭事臣而説○正義曰此章君
子之事上指於賢人君子也○玄宗註上謂君也○朱鴻曰
人臣事君之忠咸本于事親之孝故求忠臣必于孝子之門
大學謂孝者所以事君也詎哉後世有作忠經以擬孝經徒
知忠孝並稱不知忠本于孝而移孝斯可為忠也
進思盡忠退思補過　疏曰盡心曰忠○陳選曰無一時一念
之不在君也○吴註進謂自私家而適公所退謂自公所而
歸私家盡忠謂事有當陳者罄竭其心補過謂責有未塞者

彌縫其闕○玄宗注進見於君則思盡忠節君有過失則思補益○疏云退朝而歸常念己之職事則思補君之過失○疏曰詩大雅烝民袞職有闕惟仲山甫補之毛傳云仲山甫補之善補過也○吳注澄按宣公十二年晉荀林父為楚所敗歸而請死士貞子諫曰林父之事君進思盡忠退思補過其敗如日月之食於是晉侯使復其位補過謂自補其過非謂補君之過刑氏曰尋註云退歸私室則思補其身過國語士朝而受業晝而講貫夕而習復夜而計過○直解曰這一章是為子的出去服事君王移孝為忠的道理

將順其美匡救其惡　真西山曰將猶承也○陳選曰有善焉

承順之使之益進於善○美善也將助也相如傳補過將美○吳註將謂助之於前順謂導之於後匡謂正之於微救謂止之於顯其指君而言○大義曰忠臣事君如孝子之事親一念之善則助成之一念之惡則諫止之

故上下能相親也　吳註曰下以忠事上上以義接下故相親正義曰如此則君臣上下情志通協能相親也○陳選曰臣以忠愛而親其君君亦親之○中江氏曰能字有力假令雖相親不由道義則不可謂能也

詩云心乎愛矣遐不謂矣中心藏之何日忘之　詩小雅隰桑篇朱傳曰遐與何同謂猶告也言我中心誠愛君子而既見

之則何不遂以告之而但中心藏之將使何日而忘之耶○玄宗註遐遠也義取臣心愛君雖離左右不謂為遠愛君之志恒藏心中無日暫忘也諸註同之○纂註引詩言為臣的心既愛著君主可見他必匡救其過若是不曾去救救之不得實實放心不下懷在念何日忘懷

子曰孝子之喪親也　孔氏曰父母没斬衰居憂謂之喪親○玄宗註生事已畢死事未見故發此章

哭不偯　大義曰哀痛之極發于聲為哭○呉註偯聲從容而有餘也禮記間傳云大功之喪三曲而偯此父母之喪哀痛之極故其哭也氣竭而息無復餘聲

禮無容　吳註舉措進退之禮不脩飾爲容儀

言不文　吳註有事直致其言不治擇成文辭

服美不安聞樂不樂食旨不甘　吳註身服美衣不以爲安故服惡衰耳聞樂聲不以爲樂故不聞樂旨味之美也口食美味不以爲甘故不飮酒食肉

此哀戚之情也　吳註此六者皆孝子哀戚之眞情自然而然

三日而食　檀弓上曰君子之執親之喪也水漿不入於口者三日　〇　吳註親死水漿不入口三日乃食粥疏曰記間傳稱斬衰三日不食此云三日而食者何也劉炫言三日之后乃食皆謂滿三日則食也

教民無以死傷生　呉註此教民無以親之死而傷孝子之生也
毀不滅性　朱申曰雖毀瘠其形而不使滅性而死○直解雖
是悲哀毀壞形貌却不要滅了性命○呉註喪雖哀毀不可
殞滅其性而死必為之節故居喪之禮不沐浴不酒肉然頭
有創則沐身有瘍則浴有疾則飲酒食肉年五十者不致毀
六十者不毀
此聖人之政也　此指上文○呉註此皆聖人之政為民制礼
節哀而全其生也
喪不過三年示民有終也　疏禮記三年問云夫三年之喪天
下之達喪也喪服四制曰　此喪之所以三年賢者不得過不

肖者不得不及檀弓先王制禮也過之者俯而就之不至焉
者跂而及之也○朱鴻曰孝子値親之喪有終古淪心之痛
哀豈能遽止哉然情雖無窮制則有限喪服不過三年示民
有竟之期無賢愚貴賤一也○程子遺書曰喪止於三年何
義曰歳一周則天道一変人心亦隨以変惟人子孝於親至
此猶未忘故必至於再変猶未忘又継之以一時
爲之棺槨衣衾而挙之　説文棺關也所以掩屍也槨外棺也
疏抄曰檀弓衣足以飾身棺周於衣椁周於棺土周於椁衣
謂襲與大小斂之衣也衾謂單被覆尸薦尸所用從初死至
大斂凡三度加衣也一是襲也謂沐尸竟著衣也二是小斂

之衣也衣皆有絮也三是大斂也衣皆襌袷也○吳註尸之外衣衣之外衾以襲以斂衾之外棺棺之外椁以斂以葬謂舉尸加其上納其中也

陳其簠簋而哀戚之 玄宗註簠簋祭器○吳註此言朔望之奠簠盛稻粱器外方内圓簋盛黍稷器外圓内方按士喪禮朝夕奠脯醢而已盛以籩豆朔月殷奠始有黍稷盛以瓦敦卿大夫祭禮以牢饋食亦止用敦盛黍稷以公食大夫禮推之竊意天子諸侯之殷奠乃備黍稷稻粱而器用簠簋此傳所云蓋舉上而言之也○玄宗註陳奠祭器而不見親故哀慼也

擗踊哭泣哀以送之 孔氏曰男踊女擗○吳註擗以手擊胸也踊以足頓地也哭者口有聲泣者目有淚此謂柩行之時送形而往哀其不返也

卜其宅兆而安厝之 吳註卜以龜以視吉凶也宅墓穴也兆塋域也厝猶置也將置柩於其處必視生氣無地風水泉沙礫樹根螻蟻之屬及他日不為城郭溝池道路然後安卜者決之於神也不卜則擇之以人葬書備言其術之理可熟焉中州土厚水深不擇猶可偏方土薄水淺凡地不皆可葬苟非其地尸柩之朽腐敗壞至速與棄而委之于壑同孝子之心忍乎先擇後卜尤為謹重所謂謀及乃心謀及士民而後

謀及卜筮也按士喪禮筮宅卜日大夫以上則葬日與宅兆皆用龜卜或亦用筮此云卜蓋通言之

為之宗廟以鬼享之　中汪氏曰案王制祭法官師已上皆立廟庶人無廟祭於寢此舉宗廟以包祭于寢者也○朱申曰以鬼享之以鬼神之禮而享祀之○吳註初喪至葬有奠無祭蓋猶以人禮事之既葬迎精而反乃以虞祭易奠卒哭而祔于祖喪畢而遷于廟始純以鬼禮事之享者祭祀人鬼之名

春秋祭祀以時思之　朱鴻集解四時皆有祭獨言春秋者省文耳○吳註既除喪每歲四時感時之變思親不忘報本反

始事之如生存言春秋則包四時矣○玄宗註寒暑有變移益用增感以時祭祀展其孝思○祭義曰霜露既降君子履之必有悽愴之心非其寒之謂也春雨露既濡君子履之必有怵惕之心如將見之感時思之如此故以時祭祀非強為

生事愛敬死事哀戚生民之本盡矣死生之義備矣　大義曰此又合始終而言之以結一書之肯○玄宗註愛敬哀戚孝行之始終也○吳註親生則事之以愛敬親死則事之以哀戚生死皆致其孝然後足以盡生民之本備死生之義民之生也心之德為仁仁之發為愛愛親本也及人末也故孝為生民之本義者宜也生而愛敬死而哀戚理所宜然故曰死

生之義。○中汗氏曰人之有孝德猶木之有根故以孝為生民之本盡至其極而無遺之謂與盡性之盡同

孝子之事親終矣　大義曰養生送死其義為大於此備矣至此則孝子之事親其道終矣又曰夫有生必有死有始必有終生事以禮死葬以禮祭之以禮則可謂孝矣故曰死生之義備矣孝子之事親終矣○生事葬祭無所不周孝子之事終矣○生事愛敬以下至此孝經一篇之結語也其作者親一節之結語而講

寛文四稔甲辰九月吉旦

長尾平兵衛開板

孝經私記

〔日〕朝川善庵 撰

西漢以來孝經尚書有古文今文師資傳受各立門戶相軋爭二千餘年于今猶尚不已尚書大禹謨仲虺之誥等二十餘篇古文有焉今文亡焉故今文家謂之爲僞果僞則古文妄作奉之者亦不得辭其罪矣古文家守之爲眞定眞則今文者流侮誣聖言之罪亦甚大矣推之到其極則道之存亡亦繫焉學者固不可不審辨也若孝經不必然其古文今文章數各別文字互異然無妨大義焉要之一根兩杪謂分割今文成古文併同古文作今文亦可也其尤異者不過閨門一章有亡耳然有之亡之非若尚書二十餘篇眞僞關係于學問之

大本也況有長孫氏今文本有此章乎由是則今文家亦非絶無此章也然則兩可調停似得良籌余不爲之殊取今文者無它奉　貞觀天子詔也吾門朝川善庵童丱入吾奚疑塾天資敏齊學問精勤自初開講肆業大行門人日進識亦益高於孝經殊有所見而左袒于古文著定本一卷考異三卷證註二卷私記二卷精窮破鼇毛彼邦先儒皆所未考及者也門人皆欲勸上梓善庵不可余聞之謂夫千古不磨滅者在識與學與梓行門人信善庵學之飽與識之高欲使其不可磨滅者必不磨滅也余以一日之長當代善庵而許可之於是

乎門人皆説甚矣欲先刻私記蓋其名以私者雖取古
文寓非背余而獨馳故不敢公布之意焉善庵儒行以
厚德自居焉是其素志也然是可以公之因趣門人等
遂定公其私記之計云
文化六年巳巳冬十月北山老人山本信有撰

朝川善葊之父曰默翁往昔過余晤時語及善葊有至性且懋於學其愛之也至期之也遠望其成也閔閔然切矣余於是始知有善葊也後數年余遊長崎善葊亦從鎮臺在崎於是乃始把臂於四百里外因即勗之以乃翁所期庶幾其能無負也既而余帆已東而善葊亦亡幾旋歸則其迹宜親而疏不得相見數年第聞其行誼彌敦才識彌進也心竊喜焉余亦有老父犬馬之齒既過八十才與不才皆子也吾父之愛我何異於默翁之愛善葊而至其所以事親則吾未之有得也雖然我豈徒若此而遂已乎唯務盡心焉耳矣色乎欲其婾之

容乎欲其婉之而未能也承焉而欲其怡然愛焉而欲其藹然而未能也於是又質之師友詢之故老徵諸前言往行稽諸聖經賢傳苟足以取資焉則不必其人而必其言凡其所以求之者若是而猶未之有得也嗚呼孝亦難矣哉孝之義散見論孟諸書而全載之者莫如孝經昔儒雖或有眞僞之疑余則謂姑舍之可也其足以取資乎雖衆人之言吾固將從之況聖賢乎饑者取於飽渴者取於飲有至急者存焉未暇他及耳曩者善菴著古文孝經私記二卷蓋發自至性而耑致意於此推尊古文指彈今文論繹攷辨鑿鑿有證斯殆余之所

未暇及者而善葬則能及之矣抑又由是觀之其於家庭之間必其既盡心也必其既婾於色而婉於容也必其既怡然承其意而藹然致其愛也必其既師友是質故老是詢前言往行是徵也不然安能及之則乃翁之所期無負而余亦不獨有喜而有愧焉多矣屬者平戶老侯嘉善葬之茲舉爲捐貲以梨之斯亦永錫爾類之遺意也夫及其授首簡書此弁之文化七年十一月中浣江都佐藤坦識

古文孝經私記目錄

卷上

古文孝經私記例言

一私記之義先生總序既言之蓋其所記私也而公之者吾輩意非先生意也既已公之乃非爲私之義而仍曰私記者未能忘乎其造端託始此乃先生意也

一是書專主於崇古文而黜今文卽不論先賢瑕纇漫然無所徵焉若洗垢求瘢吹毛覓瑕古人所戒而先生獨敢爲之者慮斯道不明學術日流於異於是乎諄諄辨駁反乎正而止亦不獲已也讀者察之

一諸家之說有載其全者有節其半者有一語而兩用者有一事而分四五項用者先生皆用細字分註各

叚下不敢没其所自然先生以已意斟酌諸家换其一兩句易一兩字因自書其説者不必列先賢姓名蓋行文之際不欲挿入先賢姓名以致混雜要之諸家之説有所未備也讀者勿以雷同目之

一先生最後得吳隆元孝經三本管窺其論閨門章大與先生所見合而精細弗及吾先生也然先生不没其善從取吳氏説裝點其辨以爲定論云

文化己巳冬十月　門人泉澤充謹識

古文孝經私記卷上

南部泉澤充

江戸朝川鼎五鼎氏著　門人遠江大田恵全校

江戸今井觀

古文考

在周禮保氏掌養國子教之六書此蓋在小學而學史頡之遺法使文字之義總歸六書也六書者一曰象形日月是也二曰處事上下是也三曰會意武信是也四曰諧聲江河是也五曰轉注考老是也六曰假借令長是也率是因物取類依類象形故謂之文其後形聲相

益卽謂之字二皆取法於史頡而不復別創一體外史達書名于四方行人諭書名于九歲皆以是也則書之同文可知已宣王時太史史籀實始著大篆十五篇蓋其爲體也或與古同或與古異當時以史官制之謂之史書又其所制之文或有小異乎古文大篆者謂之奇字奇字或因史名一曰籀書幽王時又有省古文者後世汲冢書中所載是也未知其始于誰氏周之東遷諸侯分爭國殊政家異俗而後其書不得同文於是乎若小篆隸書之諸體相尋而起意是各國之文字而不復必同乎古文大篆則六書之用卒以泯焉班史氏觀乎

此曰古制書必同文不知則闕問諸故老至於衰世是非無正人用其私故孔子曰吾猶及史之闕文也今亡矣夫蓋傷其寖不正（漢書藝文志）宜哉孔子修六經左丘明述春秋傳特皆用古文其旨深矣可不思哉逮乎秦李斯乃增損大篆異同籀文而作小篆下邽人程邈又變古文大小篆作隸書從此書名遂定爲小篆爲隸後世皆便其用而後所謂古文不復行如古殆乎廢矣漢興蕭何草律使太史試學童能諷書九千字以上乃得爲史又以古文奇字篆書隸書繆篆蟲書之六體試之課最者以爲尚書御史史書令史（漢書藝文志）至此始有古文

之名以別其餘五體焉由是觀之古文尚行于世未全廢之惟人趨於便安於約而習者罕有遂至於無能知之者矣然在學士大夫復何必然是故北平侯有獻之（許愼說文解字自序及後魏書江式傳）河間王有得之（漢書景十三王傳）叔孫通有識之（西京雜記）司馬遷有誦之（史記太史公自序）甄豐改之（說文解字自序）衛宏定之（後漢書儒林傳）班固賈逵鄭興父子並說之（後漢書盧植傳）未嘗一言其不可知焉且劉向以中古文校施孟梁丘二家易及歐陽大小夏侯三家書（漢書藝文志）蔡邕在靈帝時以三體書石經其一曰古文（後漢書儒林傳）若古文果不可知則何能得校且書之哉然則太史公所謂秦撥去

古文（史記太史公自序）蓋本其廢之所由起也何以知之楚元王少時嘗與穆生白生申公俱受詩於浮丘伯伯者孫卿門人也及秦焚書各別去元王既至楚以穆生白生申公爲中大夫高后時浮丘伯在長安元王遣子郢客與申公俱卒業文帝時聞申公爲詩最精以爲博士（漢書楚元王傳）且竇公者魏文侯樂人也在文帝時年一百八十歲獻古文樂書一篇伏生與叔孫通皆嘗爲秦博士逃而歸漢惠文時尚存在焉況叔孫通降漢時自有弟子百餘人其他一二宿儒老生幸而不坑在當時見而識者世或有之自秦下焚書之令至漢興其間纔七年耳

滔滔世界若謂無其人則吾不信也

古文孝經考

方今學者窮經師古乎師今乎孔子曰信而好古竊雖不敏固奉夫子之教其於所學亦是古爾今攷孝經一書遭秦焚書爲河間人顏芝所藏漢初芝子貞出之凡十八章皆隷字其後魯恭王壞孔子屋壁得孔鮒所藏孝經二十二章皆科斗文字及安國爲之傳雖以今文讀之其今文亦蓋或帶古體因謂之隷古謂之古文乃與當時今文又自別矣於是乎以隷字卽當時通行故更稱顏本爲今文此今古之所由而分也唐玄宗好今

文始以隸楷易古文宋景文筆記有其不合開元文字者謂之野書通志略所謂古文廢而不用唐六典卒至使天下後世不知古文爲何物可勝嘆哉故自今而觀之雖今古同文而其章之分合字之多寡尚可推而知也果其可知則何必捨古而取今且古文之出於孔壁始載漢書藝文志今文之獻於顏貞乃見隋書經籍志若以漢志所載者尚且致疑則其出於隋書者亦何足以信之乎隋志云至劉向典校經籍以顏本比古文除其繁惑以十八章爲定鄭衆馬融並爲之注然則今所傳今文十八章者劉向校定而非顏貞之舊也今文一經劉向校

定而先是之今文不可復見世人以其同章數誤謂之顔貞今文亦以今論語爲魯論之比也若夫古文幸爲劉向所黜而其傳于今者依然孔壁眞本也神天之所護持可不珍重乎今我　邦所傳古文孝經有五焉清原本足利本弘安本元祿本享保本是也蓋其所傳授受之間不得無一二誤寫然其實皆出於一清鄭辰序太宰純校享保本云其書二十二章經文一千八百六十一字較之桓譚新論所稱尚少十一字而以宋司馬氏指解相校則增多五十一字其間單文隻句無關義理者不具論若首章之以順天下作以訓天下可不煩

言而解卿大夫章然後能保其宗廟句增保其祿位而五字與諸侯章之保其社稷士章之保其爵位句法相合而義更明暢又故親生之膝下此本作是故親生毓之傳云育之者父母也父母生之續莫大焉此本作續莫大焉傳云續功也此二條班固藝文志已稱諸家之說不安古文字讀皆異而指解本所刋與今文無異然則此本爲最古其言當矣余更攷經文庶人章用天之時因地之利宋本皆作用天之道因地之利列子天瑞天有時地有利孟子公孫丑下天時不如地利荀子議兵上得天時下得地利凡對天時以地利蓋古言也又諫爭章從

父之命宋本皆作從父之令荀子子道孔子家語三恕並有子從父命孝乎之言則其作命者亦古也然則我邦所傳古文即孔壁真本而比之其傳于彼者為優而彼之所傳古文亦比之今文為最優矣而世之奉今文者以古文出於劉炫疑之其說尤為誕妄不知何據而云爾隋書經籍志云梁代安國及鄭氏二家並立國學而安國之本亡於梁亂及周齊唯傳鄭氏至隋秘書監王劭於京師訪得孔傳送至河間劉炫炫因序其得喪述其議講於人間漸聞朝廷後遂著令與鄭氏並立儒者諠諠皆云炫自作之非孔舊本而秘府又先無其書據

此則當時諸儒皆云炫自作之者乃孔傳而非古文本經也若虞淳熙從今文孝經說亦誤引隋志云周師入郢焚書七萬餘卷魏大收書但獲今文譯以夷言謂之國語孝經後齊顏更搜聚然古文竟泯焉自隋用一絹易一卷而王逸嗜利出市本送劭劭偽造符命人也轉示劉炫炫之偽妄亦劭之流遂作稽疑以傳於世當時諸儒皆詆則無一人可證秘府之書則無一字可證徒恃漢志而又不合桓譚許慎之說固無待貞曷之譏斥也此誣劭誣炫併又誣聖經嗚呼讀書人既如此則斯經之厄不亦宜乎其若貞曷之譏斥殊不可信司馬

貞曰近儒欲崇古學僞作閨門一章劉炫詭隨妄稱其善且閨門之義近俗之語非宣尼正說又分庶人章從故自天子已下別爲一章是古人旣沒後人妄開此等數章以應二十二章之數邢昺本于此亦曰劉炫遂以古孝經庶人章分爲二曾子敢問章分爲三又多閨門一章然在漢志顏師古註引劉向云古文字也庶人章分爲二曾子敢問章爲三又多一章凡二十二章所謂今文十八章古文二十二章其分合有亡西漢孝經旣已爲然豈炫所能分析補綴乎蓋經之有今古傳之有孔鄭固爲千古疑案唐玄宗開元七年三月乃詔群儒

學官俾其集議左庶子劉知幾主古文而欲行孔廢鄭國子祭酒司馬貞主今文而請鄭孔並用其五月五日詔鄭依舊行用爾後孔注傳習者稀至十年上自注孝經頒于天下遂以十八章爲定自是世人動輙以開元敕議從今文爲之據邪曷孝經正義曰是時蘇頲宋璟文吏拘於流俗不能發明古義奏議排子玄令諸儒對定司馬貞與學生郗常等十人盡非子玄卒從諸儒之說唐書劉知幾傳云嘗議孝經鄭氏學非康成注舉十二條左證其謬當以古文爲正宰相宋璟等不然其論奏與諸儒質辨博士司馬貞等阿意共黜其言請二家

兼行然則開元敕議何足以據此鼎之所以於古文特
引正證而報所學也

朱子古文孝經刋誤辨

矢口之與肆筆其致一而爲體則異夫聖人吐辭成經
立言爲訓其皆可以爲世教固也然記者非一人文有
其體句有其法故論語自論語孝經自孝經均是孔子
之言而文體句法自不能一也若孝經亦雖孔曾一時
之問答有更端以告者又有間歇而復告者既已筆之
於書則皆更以子曰起之自不能與矢口同也唯其妙
於文反覆論議使如自其口出者雖時世使然親炙之

效亦不可誣也朱子著孝經刊誤云蓋經之首統論孝之終始中乃數陳天子諸侯卿大夫士庶人之孝而其末結之曰故自天子已下至于庶人孝無終始而患不及者未之有也其首尾相應次第相承文勢連屬脉絡通貫同是一時之言無可疑者而後人以爲六七章今文作六章古文作七章又增子曰及引詩書之文以雜乎其間使其文意分斷間隔而讀者不復得見聖言全體大義爲害不細故今定此六七章者合爲一章而删去子曰者二引書者一引詩者四凡六十一字以復經文之舊此大不然子曰及詩書之文縱使其文分斷間

隔而意則未始不相貫也門人於開卷第一序作經之所自始以發一篇之端云仲尼閒居曾子侍坐及下子曰曾子辟席曰與連篇子曰曾子曰皆出自記者之口蓋記者修孔曾一時之問答以爲一篇孝經此其所以爲文也若使直記其言而無修之則與禪家語錄又何擇焉言語文辭其體之不同古猶今也朱子以此律古人豈不亦誤乎朱子又於今文所謂聖治章云自其章首以至因地之義皆是春秋左氏傳所載子太叔爲趙簡子道子產之言唯易禮字爲孝字而文勢反不若彼之通貫條目反不若彼之完備明此襲彼非彼取此無

疑也子産曰夫禮天之經地之義民之行也天地之經而民實則之則天之明因地之性其下便陳天明地性之目與其所以則之因之之實然後簡子贊之曰甚哉禮之大哉首尾通貫節目詳備與此不同其曰先王見教之可以化民又與上文不相屬故溫公改教爲孝乃得粗通而下文所謂德義敬讓禮樂好惡者卻不相應疑亦裂取他書之成文而强加裝綴以爲孔子曾子之問答但未見其所出耳然其前段文雖非是而理猶可通存之無害至于後段則文既可疑而謂聖人見孝可以化民而後以身先之于理又已悖矣況先之以博愛

亦非立愛惟親之序若之何而能使民不遺其親邪其所引詩亦不親切今定先王見教以下凡六十九字並刪去毛奇齡辨之曰如所言則何止于此第十二章云以順則逆民無則焉不在于善而皆在于凶德此即左傳太史克曰以訓則昬民無則焉不度于善而皆在于凶德言思可道行思可樂德義可尊作事可法容止可觀進退可度以臨其民此即左傳北宮文子曰進退可度周旋可則容止可觀作事可法德行可象以臨其下皆直用左氏文以爲言而不少避者論語亦然克己復禮爲仁則直用左傳古也有志克己復禮仁也出門如

見大賓使民如承大祭則直用晉臼季曰出門如賓承事如祭仁之則也卽彼哉彼哉用陽虎語不學禮無以立用孟僖子語不特記者如此卽手自爲文亦然贊易乾卦元者善之長也亨者嘉之會也利者義之和也貞者事之幹也君子體仁足以長人嘉會足以合禮利物足以和義貞固足以幹事則全襲魯穆姜曰元體之長也亨嘉之會也利義之和也貞事之幹也體仁足以長人嘉德足以合禮利物足以和義貞固足以幹事此其文在襄九年夫子未生之前豈有穆姜襲夫子言者然而游夏見之不以爲疑七十子之徒聞之不以爲怪漢

唐王令並無敢有一人焉起而删之詬厲之若是者何也則以夫子之言原與春秋相表裏而非有二也春秋有簡書有策書夫子修簡書以爲春秋之經左丘明修策書以爲春秋之傳其二書皆朝夕講求行著習察師以之爲教弟以之爲學不問其爲何人語而其言足述往往取之以垂訓蓋夫子平居口授原自如此故其自爲文與門弟子所爲文皆彼此一轍而並無嫌畏避忌于其間人苟有學則自多見少怪者已則無學而反謂聖經之有未通此在他人猶不可而況乎註經者也孝經

問余亦謂司馬光以教字不應上文改作孝字可謂誤

矣夫孝百行之本而教之所由生也故直呼作教固亦不妨而如此章統其百行而言之不待改作孝字而文義可通如其謂與上文不相屬則未之審也蓋此章之意孝則天經地義而人之恒情也先王循人之恒情而設其政教故其教不待肅戒而自成其政不假威嚴而自治其所謂政教者則天明因地利而所制者暗指言孝也而後更謂其如斯者先王見教之可以化民也所謂教者上文不肅之教不嚴之政所謂化民即上文而成而治是也因乃舉其效曰先之以博愛而民莫遺其親陳之以德誼而民興行先之以敬讓而民不爭道之

以禮樂而民和睦示之以好惡而民知禁其曰博愛曰德誼曰敬讓曰禮樂曰好惡乃孝之支先王之教也其曰莫遺親曰興行曰不爭曰和睦曰知禁乃先王之化民也若此解之其義豈不亦昭明乎其又謂先之以博愛亦非立愛惟親之序此亦大不然夫子嘗論天子之孝曰愛親者不敢惡於人敬親者不敢慢於人其不敢惡慢於人者博愛廣敬之道而此章所謂先之以博愛也下卽曰德教加於百姓刑於四海此章所謂民莫遺於其親也唯天子章主愛敬事親之道而如此章主政教化民之義其所主說雖有小異而意則未始不相同

也其又謂其所引詩亦不親切亦未之審也引詩者義取居顯盛之位者爲民所瞻仰上之所好下有甚焉者則其先之陳之道之示之不可以不愼焉後人或曰此原係於刺大師尹氏之詩與上文先王字不相涉此不知古之引詩斷章取義譬喻旁至無所不極之義而言之也詩云夙夜匪解以事一人一人者天子之謂而君子以此喻秦穆公（文三年左傳）太叔文子以此喻君（襄二十五年左傳）此類頗多又奚疑焉朱子又以所謂孝治章爲傳之四章釋民用和睦上下無怨而曰其言雖善而亦非經文之正意蓋經以孝而和此以和而孝也此亦大不然

今詳經文明王之以孝治天下也不敢遺小國之臣此天子章所謂愛敬其親者不敢惡慢於人者亦說博愛廣敬之義也而下文承之曰天下和平災害不生禍亂不作此其以孝而和可知也而其謂以和而孝吾不知何故朱子又云嚴父配天本因論武王周公之事而贊美其孝之詞非謂凡爲孝者皆欲如此也又況孝之所以爲大者本自有親切處而非此之謂乎若必如此而後爲孝則是使爲人臣子者皆有今將之心而反陷于大不孝矣作傳者但見其論孝之大卽以附此而不知其非所以爲天下之通訓讀者詳之不以文害意焉可

也此亦大不然若孝經統論五等之孝故其論有主天子諸侯而言者有主卿大夫士庶人者有併言五等者而如此章首以聖人之德起論中乃引周公文王之事終則以聖德無加於孝結之則其主天子而言者明矣天子而嚴父配天固其所也而又何孝加於此乎孝經釋疑云論孝之極必當盡孝之量今載籍中論大孝之親切者莫如孟子孝子之至莫大乎尊親尊親之至莫大乎以天下養然此亦凡爲天子者皆可能也更有宗祀文王如周公者乃爲尊養之極配上帝者尊之至也四海來祭者養之至也孝之分量所及至於如此而非

有加於孝之外也夫子以此明聖德無加於孝至親切矣然豈欲人之行孝必如此哉周公亦會逢其適而已其說當矣而其謂使爲人臣子者皆有令將之心而反陷于大不孝者抑亦何故黄震亦曰中庸以追王大王王季爲達孝亦與此章嚴父配天之孝同旨古人發言義各有主學者宜審所躬行焉若夫推其事之至極至於非其分之當言如晦庵所云者則不可不知也黄氏日抄黄氏者奉朱子人也而其說如斯亦可以證吾說之不誣矣至其分爲經一章傳十四章蓋其故習而誤之最甚者也嘗分大學經傳補傳之五章當時雖其徒尚不

然之續貂之誚叢叢于今所謂日計之而不足歲計之而有餘此卽古文之妙處也如大學之文反覆論議發明前義而致知格物自存於其間古文多然古語云銖銖而稱之至石必差寸寸而度之至尺必過朱子之解經往往有此失讀者不可不知也

姚際恒古今偽書考辨

清姚際恒著古今偽書考吹毛求瘢併其可信者以疑之若他書姑置不論論孝經一條尤爲誣妄大意不過就朱子刊誤而云耳其與朱同者今不復辨若朱之所不言亦不得無辨也姚氏曰案是書来歷出于漢儒不

惟非孔子作併非周秦之言也其三才章夫孝天之經至因地之義襲左傳子太叔述子產之言惟易禮字爲孝字聖治章以順則逆至凶德襲左傳季文子對魯宣公之言君子則不然以下襲左傳北宮文子論儀之言事君章進思盡忠二語襲左傳士貞子諫晉景公之言左傳自張禹所傳後始漸行于世則孝經者蓋其時之人所爲也勘其文義絕類戴記中諸篇如曾子問哀公問仲尼燕居孔子閒居之類同爲漢儒之作後儒以其言孝特爲撮出因名以孝經耳案諸經古不係以經字惟曰易曰詩曰書其經字乃俗所加也此名孝經自可

知非古若去經字又非如易詩書之可以一字名者矣
此説在 本邦物茂卿孝經考亦嘗言之皆謬論也蓋古
昔稱詩云書云易云未嘗道詩經書經也而莊子天運云
孔子謂老聃曰丘治詩書禮樂易春秋六經荀子勸學亦
云學惡乎始惡乎終曰其數則始乎誦經終乎讀禮而
其下文云書者政事之紀也詩者中聲之所止也禮者
法之大分群類之綱紀也故學至乎禮而止矣此雖不
以經字連於詩書直稱詩經書經而詩書之爲經無可
疑矣但詩書之名其名各自成義不必以經字配之孝
者道德之名其書不可單稱爲孝因係以經字也凡言

經者皆學者尊稱之辭故非獨詩書孝經以經爲名雖
凡諸書亦皆可以稱之荀子解蔽引道經莊子天下載墨經
是可以見矣經之名尚矣何待漢人而後稱之且若孝
經呂氏春秋孝行察微二篇並引其文不知姚氏何據
以知其非周秦之言也姚氏又云孔子曰事父母幾諫
見志不從又敬不違勞而不怨多少低徊曲折今諫爭
章云父有爭子故當不義子不可不爭于父從父之令
焉得爲孝又何其徑直而且傷于激也其言絶不倫類
孟子曰父子之間不責善此深合天理人情之言使此
爲孔子言孟子豈與之相異如是耶此說非也然文獻

通考亦引晁子心讀書志云經云當不義則子不可以不爭於父而孟子猥曰父子之間不責善夫豈然哉介甫因謂當不義則諍之非責善也噫不爲不義卽善矣阿其所好以巧慧侮聖人之言至此君子疾夫但姚氏以孟子疑孝經晁氏以孝經疑孟子故王應麟論之曰盖子心守景迂之學以孟子爲疑非篤論也朱文公於孟子集注取荆公之說（困學紀聞）其言當矣余亦嘗謂父子之道天性也故孝子事親以恩爲主孟子曰父子之間不責善盖以此也雖然父母有過而阿諛曲從成其不義使之得罪於鄉黨州閭是豈爲人子之道哉盖子爭

於父猶臣爭於君也若君父爲過大甚則爲之臣子者亦不得不極於犯顏但君臣以義合父子以親成故其事之之道亦不得皆同矣昔者舜之事瞽叟欲使之未嘗不在於側索而殺之未嘗可得小棰則待過大杖則逃走故瞽叟不犯不父之罪而舜不失烝烝之孝若委身以待暴怒殪而不避既身死而陷父於不義其不孝孰大焉其於諫爭之道無乃亦然乎何者父子之道以犯而離則不可去以犯而夷則不可死故內則云父母有過下氣怡色柔聲以諫諫若不入起敬起孝說則復諫不說與其得罪於鄉黨州閭寧孰諫父母怒不說而

撻之流血不敢疾怨起敬起孝然則子於父母尚和順不用鄂鄂以爭要當微微納進善言烝烝乂不格姦是其常也其處變之道不必然若父母有過而遂之方此時爲之子者忍坐視其陷于不義而不一諫爭乎諫爭亦臣子之道是經之所以不可闕此章也學者詳之

吳澂孝經章句辨

元吳澂嘗著孝經章句其題辭曰許愼學孝經孔氏古文說文中所引用者愼自序云其稱論語孝經皆古文也今案說文居字下引孝經仲尼居見得當時古文居上卽無閒字劉炫本增此一字妄矣以余觀之仲尼閒

居有間字是真古文也蓋古文孝經與古文尚書同出於孔壁而其所傳來亦率相似故辨知其一則可兩得矣若尚書伏生所授夏侯勝夏侯建歐陽生等三家所傳二十九篇者謂之今文史記漢書儒林傳並云秦時焚書伏生壁藏之其後兵大起流亡漢定伏生求其書亡數十篇獨得二十九篇即以教于齊魯之間此伏生尚書當時已有二十九篇也陸德明孔穎達等皆曰泰誓非伏生所傳而言二十九篇者以司馬遷在武帝之世見泰誓出而得行入於伏生所傳內故爲史總之並云伏生所出不復曲別分析若然則伏生尚書實二十八篇而史記漢書並言二十九篇推其文義陸孔所言不可必信故朱彝尊曰司馬氏班氏古之良史不應以非伏生所授之泰誓雜之其中也其言當矣且伏生尚書大傳有白魚入于舟火流于王屋之事此乃僞泰誓文而伏生自言之也董仲舒對策即引書亦載僞泰誓文則泰誓出而得行不必待武帝之時因知伏生尚書原有泰誓一篇而爲二十九

篇也或謂史遷據古文家分顧命王若曰已下為康王之誥實二十九篇遂言伏生得二十九篇此乃無據之說不可信也或又謂百篇之敘總列于後別為一篇故二十九江聲尚書亼注音疏辨之曰此說非也何見乎其非也王充論衡正說篇云或說尚書二十九篇者法曰斗七宿也四七二十八篇其一曰斗矣故二十九假使伏生尚書有叙則百篇之名目具見雖妄人亦不造此法斗七宿之說矣是可知伏生書無叙也然則所謂二十九篇內當以泰誓一篇為其一篇也孔安國得壁中古文以今文讀之更增多伏生二十五篇其伏生所授二十九篇有五篇相合安國並依古文開其篇第分出舜典益稷盤庚二篇康王之誥又以其二十五篇內有古文泰誓三篇因除今文泰誓一篇倂其二十五篇為五十八篇其以隸古書者謂之古文以今文書者謂之今字然其所業傳

者三十三篇古文經耳其若二十五篇漢世祕藏希得見之而兩漢諸儒猶知孔本有五十八篇四十六卷故劉向別錄云尚書五十八篇班固藝文志云古經四十六卷是也於是乎鄭玄則於伏生二十九篇之內分出盤庚二篇康王之誥又泰誓三篇爲三十四篇此本正義而詁之正義此條必有傳寫之誤若如所言則三十五篇非三十四篇矣且伏生二十九篇內有泰誓一篇而又增古文泰誓三篇決無是理鄭註久逸其詳雖不可得而知之鄭玄嘗稱安國爲先師祖述其學然則其所分出亦當同于安國矣惟安國所業傳者就伏生二十九篇內除泰誓一篇爲三十三篇鄭玄則加之爲三十四篇故正義又云鄭所註皆同賈逵馬融之學題曰古文尚書篇與夏侯等同而經字多異蓋今文泰誓一篇古文泰誓三篇今此云泰誓三篇似指古文泰誓言之而鄭註僅存于今者皆今文泰誓而其若古文泰誓之誼無

得而聞焉此亦可以證其誤矣更增益僞書二十四篇爲五十八欲以合所謂五十八篇之目然所註者三十四篇而二十四篇之誼無聞焉所謂二十四篇内九共九篇合爲一篇或又曰十六篇尚書正義言劉歆賈逵馬融之等並云十六篇逸鄭于汨作典寶之等皆云已逸則是當時已逸其書也今攷後漢書扶風杜林傳古文尚書當時衛宏賈逵馬融鄭玄等爲作訓傳注解以傳之閻若璩江聲王鳴盛輩並以衛賈馬鄭等所傳者爲杜林漆書古文尚書毛奇齡則以謂鄭三十四篇僞本二十四篇合五十八篇者謂之杜林漆書本皆非也吾聞之北山先生曰按後漢書杜林傳林前于西州得漆書古文尚書一卷常寶愛之雖遭艱困握持不離身蓋孔壁古文百篇其可知者僅五十八篇安國定爲四十六卷若爲一卷圖文餘

猶不足焉如何杜得艱困中不離身握持之乎既曰握持不過寸餘書卷耳寸餘書卷何能統籠五十八篇之尚書是乃古文殘編蓋林得古文一二篇存乎古竹簡也又按儒林傳林嘗傳古文尚書幸於西州得漆書一卷是雖乃殘本可以證其學矣而其所嘗傳古文尚書亦何管於漆書得與不得乎此説先生別有論著文多不載然則衛賈馬鄭等所傳者古文尚書而非今文尚書也賈逵本傳云逵悉傳父業而父徽受古文尚書於塗惲溯而上之安國爲始一脉相承歷歷可指也而其於二十五篇槩乎無聞正義又云以庸生賈馬之等惟傳孔學經文三十三篇故鄭與三家同以爲古文而鄭承其後所註皆同賈逵馬融之學題曰古文尚書可見賈逵所傳書即馬鄭所註本矣舊唐書經籍志載馬融鄭

玄註古文尚書則唐世尚有其書而未亾孔穎達以親見之詳載篇數其言應不誤矣鄭玄書贊云我先師棘子下生安國亦好此學衛賈馬二三君子之業則雅才好博既宣之矣又云歐陽氏失其本義今疾此蔽冒猶復疑惑未悛是鄭意師祖孔學傳授膠東庸生劉歆賈逵馬融等學而賤夏侯歐陽等故又註伏生尚書大傳於伏生二十九篇之內分出五篇以爲三十四篇則亦小異乎庸生賈馬等學也余嘗以謂伏生所授即大小夏侯歐陽生等所傳今文二十九篇是也安國所授即庸生賈馬等所傳古文三十三篇是也鄭玄所註即古

文三十三篇之外更加今文泰誓一篇以爲三十四篇者是也而許愼從逵受古學在和帝時作説文解字十四篇其所引頗多亦皆在古文三十三篇之内若藥不瞑眩一句屬説命之文朱彝尊以爲因孟子所引而及之考經義則亦受三十三篇之古文尚書也三十三篇之古文尚書當時傳之者皆自謂孔學鄭玄亦爲三十四篇作註解而其書贊稱安國爲先師許愼説文解字自序云書孔氏蓋皆爲此也安帝建光元年九月許愼子冲上説文解字其敘云古文孝經者孝昭帝時魯國三老所獻建武時給事中議郎衛宏所校皆口傳官無其

說因知說文所引用者曾國三老獻之議郎衛宏校之與孔壁二十二章者所出亦自異豈可混乎然則說文以居上無閒字為古文者非今所謂古文亦未可知也且無閒字者於文義有所難通凡居單言之必稱所居湯居於亳尚書序公居鄆春秋居德則忌周易居寵思危尚書之類是也若不稱所居必以他字重言之啓居寧居並詩經燕居群居並論語之類是也其不稱所居而若單言仲尼居此無有之也吳氏又云古文侍下有坐字案居卽坐也與上句義重禮小戴記云仲尼燕居子張子貢子游侍孔子閒居子夏侍大戴記云孔子閒居曾子侍並無

坐字此經與彼所記當爲一例余以爲大不然居自居坐自坐不可混而用之若可假借爲訓其居係於仲尼坐係於曾子本自二人義何重複韓詩外傳云孔子閒居子貢侍坐劉向新序云晉平公閒居師曠侍坐與此經文例相比吾未嘗見其害於義也且侍有立有坐而弟子之於先生以侍立爲其正禮故單言侍者必是侍立非侍坐矣今經文明云辟席云復坐則其爲侍坐可以無疑但居云侍云以其辭不悉故若唐明皇御註之取今文輒强爲之解曰居謂閒居坐謂侍坐是以孫本孝經釋疑亦云居不能兼閒義侍不能兼坐義若除此

二字則夫子坐曾子立矣何能從容論議至千八百餘言以盡孝之蘊邪其言當矣毛奇齡嘗著孝經問亦論及焉今略之今文誤作仲尼居曾子侍斷前歇後大非聖經本旨不可從也吳氏又云桓譚言古文千八百七十二字與今文異者四百餘字今按劉炫本止有千八百七字多于今文八字除增閨門一章二十四字外與今文異者僅二十餘字其所增或一字或二字比今文徒爲冗羨其所減多是句末也字比今文更覺突兀此亦大不然夫漢世之學家傳其業人守其說皆自謂眞本經雖小有異同謹而存之不敢毫以私意增損蓋聖

人作經本是一而已及至後世文有今古之分言有楚夏之別授受之間語訛寫誤一源十流互有得失竟不知其孰眞而孰僞固非如後世剞劂一成人之視聽頓定何必執一而拘泥哉今以我　邦所傳舟橋本校之與桓譚所言僅少十三字足利本少九字弘安本少十三字元祿本少十字享保本少十一字伏原本少十五字文之羸縮何足較眞僞耶吳氏又云故自天子下有已下字依大學經文例亦不應有因攷之國語楚語下自公以下至於庶人禮內則自諸侯以下至於庶人然則其有之無之並皆可通若强生優劣於其間無已下字

者亙似不備矣又攷古文孝經刊誤經一章傳十四章凡一千五百八十七字（江元祚孝經大全所載刊誤原本式云朱子刪定凡一千五百八十六字與余所計差一字蓋誤算也）合其所刪二百二十字爲千八百七字與所云劉炫本同其字數因知其劉炫本指刊誤原本而言之也董鼎孝經大義所載刊誤總綱及朱鴻孝經質疑並云朱子作孝經刊誤以古文定爲經一章傳十四章刪去古文二百二十二字此皆就今文計朱子所刪字數而言之可謂誤甚矣文獻通考引中興藝文志云刊誤謂今文六章古文七章以前爲經後爲傳經之首統論孝之終始乃敷陳天子諸侯卿大夫士庶

人之孝而其末曰故自天子至於庶人孝無終始而患不及者未之有也其首尾相應文勢聯貫實皆一時之言而後人妄分爲六七章又增子曰及詩書之文以雜乎其間今乃合爲一章而刪去子曰者二引書者一引詩者四凡六十一字以復經文之舊又指傳文之失刪去先王見教以下凡六十七字（六十七字當作六十九字董鼎大義所引及王備集說序朱鴻朱文公刊誤旨意並作六十九字可從）以順則逆已下凡九十字餘從古文可以見朱子所刪爲二百二十字矣又以今文校刊誤本之古文除閨門一章外其增減異同合爲二十八字吳氏所云與今文異者僅二十餘字蓋謂此

也此益可以知其指刊誤本而言之矣其云古文所增
或一字或二字今攷之經文郎其字皆不可無之決非
冗羨也又云所減句末也字者宋本獨無而若我　邦
所傳古文亦皆有之吳氏猶莫之識耳嗚呼吳氏以今
文依刊誤本刪其所自疑二百四十六字爲經一章傳
十二章以御註本之今文刊誤本之古文參校異同以
作之章句未嘗一見劉炫本暗推刊誤本之字數以古
文爲劉炫僞作遂云劉炫本止有千八百七字豈不亦
誤乎因攷之隋唐二志有劉炫古文孝經述義五卷而
五代之亂既失其書故宋史藝文志陳振孫直齋書錄

解題尤袤遂初堂書目馬端臨文獻通考等並不著錄其他宋人言孝經者無慮數十家而無一語及焉若使此本尚在亦焉不引之司馬光古文孝經指解自序云前世中孝經多者五十餘家少者亦不減十家今祕閣所藏止有鄭氏明皇及古文已可見當時所存之書亦無幾獨鄭樵通志畧焦竑國史經籍志並載古文孝經述義五卷蓋通志畧之爲體在當時雖已亡之書尚存名目使學者知傳註之門戶此其微意也故其所著錄當時已無其書者往往有之若國史經籍志不過影寫通志略耳邢昺正義數引劉炫說此亦非親見其書而

言之皆取唐元行沖疏更爲之説者其所收固不足取證也然則劉炫本在宋初既不可見況胡元乎吳氏忽見刋誤本以爲劉炫本遂誣壁中之古文寃哉

孔安國傳孝經辨

孔安國作古文孝經傳史記前後漢書並無明文至魏王肅孔子家語後序始云孔安國乃考論古今文字撰衆師之義爲古文論語訓二十一篇孝經傳二篇尚書傳五十八篇皆所得壁中科斗本也嗣是隋書經籍志云古文孝經一卷孔安國傳梁末亡逸今疑非古本又云梁代安國及鄭氏二家並立國學而安國之本亡于

梁亂及周齊唯傳鄭氏至隋秘書監王劭於京師訪得孔傳送至河間劉炫炫因序其得喪述其議講於人間漸聞朝廷後遂著令與鄭氏並立儒者諠諠皆云炫自作之非孔舊本而秘府又先無其書唐會要載國子祭酒司馬貞議其略云荀昶集注之時尚有孔傳中朝遂失其本然則魏晉以降已有安國之傳及梁世與鄭氏並立國學而亾于梁亂隋唐之間所謂孔傳卽隋人僞造本歷歷可見也然先是之孔傳亦大可疑何者孝經傳與論語訓尚書傳並始見於家語後序而若論語訓何晏論語集解自序其稱世不傳卽當時已無其書集

解中所收錄亦殘闕之餘僅得之傳說耳若尚書傳江左中興元帝時豫章內史梅賾始奏上其書而施行焉予嘗以謂安國得壁中古文以今文讀之因以起其家會國有巫蠱事未列於學官然其起家既由古文則不得無訓詁於是乎爲傳古文尚書十三卷今字尚書十四卷以其三十三篇私授都尉朝朝授膠東庸譚是爲尚書古文學（後漢書儒林傳）若所謂二十五篇漢世秘藏希得見之在魏初漸流于人間本經尚然況其傳註秘於家者乎世遂失其傳而孔傳不可復見然則今所謂尚書傳是魏晉間人掇取其說之一二於傳聞加之以私意

而所成實非安國也故晉李顒集注尚書於僞泰誓篇每引孔安國（尚書正義）安國必不爲彼僞書作傳此由世無其書而僞古文家擬作以誣安國此其勢然也若孝經傳無乃亦然乎　本邦所傳孝經傳亦隋人僞造本也蓋自天智帝四年唐高宗遣劉德高等來通好而終乎唐世行李往來絡繹不絶當時遣唐之使留學之生其得于彼而致于我者珍書異典不爲不多孔傳鄭註亦其一也是以　文武帝之朝二註遂著于令並立國學至於　清和帝貞觀元年詔以唐玄宗御註本充教授正業孔傳亦兼聽試用不全廢之（三代實錄）自爾以還

千有餘年博士家歷世相傳至於今孔傳鄭註得以存焉乃若孔傳雖非真本洛誦之孫不猶可珍愛乎彼國五代兵興而其本亾逸及至近世信濃太宰純所校刻孔傳流傳至于彼而歙人鮑廷博梓以傳之知不足齋叢書所收本是也乾隆四庫全書簡明目錄云舊本題漢孔安國撰日本信陽太宰純音出自歙縣鮑氏云得於市舶今以日本所刊七經孟子考文證之彼國亦以是爲僞本好奇者誤信之也今從子夏易傳之例不廢其書庶言古文者有以考其真贋焉據此清人亦不信之又知本邦以孔傳爲僞本而本邦近來一二儒

生亦雖有稍覺而未嘗一有說破其所以爲僞者何哉余因攷傳文安國之傳多襲取諸子百家之語錯綜成文絶與西京不類又邦盈二字不爲高祖惠帝諱漢臣而違時制者如斯安國必不然又若其序殊不可信序云及秦始皇焚書坑儒孝經由是絶而不傳也至漢興建元之初河間王得而獻之凡十八章由是觀之焚坑之後孝經絶而不傳武帝建元之初河間王得而獻之先是其無孝經可知也而又云漢先帝發詔稱其辭者皆言傳曰其實今文孝經也安國在孝武時其稱先帝必是文景二帝矣又云昔吾逮從伏生論古文尚書誼

伏生在孝文時年已九十餘安國果能從之亦必在文景之際矣是河間王未上之前已有孝經也一篇之序其說前後矛盾此蓋僞作者一時採掇綜敘而不自覺其大露破綻耳劉炫著孔安國序直解云民間雖有遺文而無復師說也漢初自有存者即所謂今文孝經下言先帝詔書所引叔孫門徒所議皆是此民間孝經非河間王所獻者也今案趙岐孟子題辭云孝文皇帝欲廣遊學之路論語孝經孟子爾雅皆置博士孝文之時旣已置孝經博士何謂之民間遺文無復師說耶劉炫黨僞強回護之其謬顯然可見隋志云遺秦焚書爲河

間人顏芝所藏漢初芝子貞出之凡十八章玩漢初字
亦可以知其不在武帝之時而今云建元之初其可疑
一也班固漢書荀悅漢紀並載高惠文景之詔無一引
孝經言傳曰者獨成帝賜翟方進策書云傳曰高而不
危所以長守富也僞作者由此遂暗推以謂先帝亦當
然固是誣古之言豈足據乎且安國漢人何稱漢先帝
一漢字自是異世之辭其可疑二也孔子世家云安國
爲今皇帝博士至臨淮太守早卒司馬遷親與安國游
其所言蓋不誤矣故今就王鳴盛尚書後辨攷之伏生
在文帝時年已九十餘安國能從受業此時年最少亦

應十五六歲矣漢儒林傳載安國爲諫大夫因就文帝末安國年十五六計之元狩五年初置諫大夫安國即爲之後幾年至臨淮太守使即死其年已五十七八且望六十矣安得爲早死乎而今云從伏生其可疑三也漢景十三王傳云魯恭王餘以孝景前三年徙王魯二十八年薨其二十八年即爲武帝元朔元年而其下文云恭王初好宮室壞孔子舊宅以廣宮聞鐘磬琴瑟之聲遂不敢壞於其壁中得古文經傳壞宅之時雖傳無明文今據序云河間王所上雖多誤以先出之故諸國往往有之則古文之出必在建元之後元朔之初伏生

於時必不存矣若云安國在文帝時從伏生論之則今文尚書非古文尚書矣而今云吾逮從伏生論古文尚書誼其可疑四也而先儒多信奉之定有所見而然鼎不佞不知其故因錄考證所及以俟博洽君子而質焉

鄭玄註孝經考

鄭玄之註孝經范曄後漢書已言之太平御覽所引後漢書亦云鄭玄漢末遭黃巾之難客於徐州今孝經序鄭氏所作南城山西上可二里所有石室焉周廻五丈俗云是康成注孝經處是皆其證也晉元帝太興初置孝經鄭氏博士一人穆帝永和十一年及孝武帝太元

元年再聚群臣共論經義有荀昶者撰集孝經諸說以鄭氏為宗獨至南齊陸澄其與王儉書曰世有一孝經題為鄭玄注觀其用辭不與注書相類案玄自序所注衆書亦無孝經（南齊書陸澄傳）嗣是隋書經籍志陸德明經典釋文序錄亦皆疑之故唐劉知幾在玄宗朝上孝經注議曰今俗所傳孝經題曰鄭注爰在近古皆云鄭注郎康成而魏晉之朝無有此說（唐會要）自是世儒多疑此注王應麟困學紀聞云孝經鄭氏注陸德明云與康成注五經不同今案康成有六天之説而孝經注云上帝天之別名故陸澄謂不與注書相類余則不然之鄭玄所

謂昊天上帝、祇是一神北極耀魄寶冬至於圜丘所祀天皇大帝不可與大微五帝混稱之而其若單稱皇天則有之書君奭註禮月令註蓋大微五帝亦稱上帝周禮春官大宗伯及典瑞秋官職金註禮月令王制註其上帝亦或以天稱之禮大傳註引孝經曰郊祀后稷以配天配靈威仰也宗祀文王於明堂以配上帝汎配五帝也所謂配天者配靈威仰之謂而配上帝即汎配五帝之謂也但其天云帝云名稱雖異要皆謂大微五帝也故鄭於禮器註云上帝周所郊祀之帝謂蒼帝靈威仰禮雜記註亦同之亦可見其稱互通矣然則其謂上帝者天之別名亦與六天之說固不相妨所謂天亦非指皇皇后天而言之郊特牲正義云鄭氏以爲六者指其尊極清虛之體其實是一論其五時生育之功其別有五以五配一故爲六天據其在上之體謂之天天爲體稱故說文云天顛也因其生育之功謂之帝帝爲德稱也故毛詩傳云審諦如帝故周禮司服云王祀昊天上帝則大裘而冕祀五帝亦如之五帝若非天何爲同服大裘又小宗伯云兆五帝於四郊禮器云饗帝于郊而風雨寒暑時帝若非天焉能令風雨寒暑時又春秋緯紫微宮爲大帝又云北極耀魄寶又云大微宮有五帝坐星青帝曰靈威仰赤帝曰赤熛怒白帝

曰白招拒黑帝曰汁光紀黃帝曰含樞紐是五帝與天帝六也又五帝亦稱上帝故孝經曰嚴父莫大於配天則周公其人也下卽云宗祀文王於明堂以配上帝帝若非天何得云嚴父配天也由此觀之鄭註於配天或有謂配感生帝靈威仰之文故承上文註於上帝直謂天之別名歟直謂天之別名似有承而云爾但其書殘闕居多雖今所傳亦非全本今就其所存者攷之於鄭義一無可疑頃讀劉肅大唐新語云梁載言十道志解南城山引後漢書云鄭玄遭黃巾之難客於徐州今者有孝經序相承云鄭氏所作蓋康成胤孫所爲也余蕭

客古經解鉤沈引太平寰宇記亦云康成徹孫所作王應麟玉海亦云國史志孔安國傳古二十二章有閨門篇爲世所疑鄭氏注今十八章相承言康成作鄭志目錄不載通儒皆驗其非開元中孝明纂諸說自注以奪二家然尚不知鄭氏之爲小同困學紀聞亦載之此蓋據劉知幾驗晉中經簿而所云周易尚書尚書中候尚書大傳毛詩周禮儀禮禮記論語凡九書皆云鄭氏注名玄至於孝經則稱鄭氏解無名玄二字而言之既已疑而不足遂充之以其子孫誣亦甚矣彼國五代兵輿已亾其書直齋書錄解題云按三朝志五代以來孔鄭註皆亾周顯德中新羅獻別叙孝

經郎鄭註者而崇文總目以爲咸平中日本僧奝然所獻未詳孰是世少有其本乾道中熊克子復然袁樞機仲得之刻于京口學官意者其後尋又亡故朱鴻刋集孝經諸說江元祚孝經大全所收亦不及此又朱彝尊經義考已稱鄭註久逸然猶有僅存者盧文弨孝經音義攷證亦云今已亡失近海鹽陳氏鱣集孝經鄭注爲一編則其亡于彼可知也我　邦博士家亦嘗傳之以爲教授正業是以僧奝然入宋獻之太宗旣而我　邦有天歩之艱而文學掃地遂至使此註湮滅而不可復見唐魏徵群書治要收鄭註孝經爲頗多其書已亡于

彼而幸今存於我其所收雖不全備嗚呼亦可不珍而重之哉近世又傳讃岐良芸之所校刻鄭註孝經一本其序云予適得奇然之遺本攷之經典釋文孝經正義及諸書所引稱鄭註者毫不相渉其偽不待辨而自明故余所論亦不及此

劉炫古文孝經述義考

劉炫古文孝經述義五巻隋書經籍志舊唐書及新唐書藝文志並作述義隋書劉炫傳作述議經義考作義疏經亾佚已久今不可復見也炫又得王劭所送古文孔安國傳本遂著古文孝經稽疑一篇以傳於世此載于唐會要所載劉知幾上孝經注議而隋唐二志並無稽疑篇目故呉隆元孝經三本管窺云想稽疑一篇卽在述議五巻之内我 邦下毛足利學所藏

古文孝經有劉炫著孔安國序直解其書初題云孝經直解卷第一古文孝經序據此不特孔序雖其傳文亦有直解而足利本脫之但炫作直解固無確據余謂直解二字以吳音呼之與述義音甚相似因誤轉作直解歟且著書體裁與邢疏所引述義亦大同小異然世已無兼本之可以相校則其然否雖不可得而知之直解之成於劉炫無可疑矣因知其傳文雖脫直解今足利本卽劉炫本也足利本卷末舉經之字數云一千八百五十字（坊刻足利本誤作一千八百六十三字說載考異）孔序直解所云亦同直解又云今文十八章得壁內古文考之今文少五十

二字因改之玄宗御註本千七百九十九字邢昺正義於廣揚名章云先儒以爲居家理下闕一故字御註加之今據此文省一故字而更計之爲千七百九十八字此卽今文原本之字數也今以所謂五十二字加之於今文千七百九十八字則爲千八百五十字此卽劉炫古文之字數也元吳澂以古文爲劉炫僞作暗推刋誤本之字數而謂劉炫本千八百七字則未之或知也

章名辨

孝經一書原有章第而無章名雖其章第方孔曾問答之時豈有之哉記者編緝成經自首章而下各有條陳

於是乎始分章之次第矣及後世文有今古章有分合所謂今文以爲十八章古文爲二十二章其體雖異而於一篇次序亦無不皆同若謂古文無章次豈不誤乎漢匡衡在元帝時上疏曰大雅曰無念爾祖聿脩厥德孔子著之孝經首章（漢書匡衡傳）由此觀之西漢孝經已有章次至劉向校經籍比量二本除其煩惑以十八章爲定而亦不列名孝經正義云荀昶集其錄及諸家疏並無章名而援神契自天子至庶人五章唯皇侃標其目而冠於章首今鄭註見章名豈先有改除近人追遠而爲之也御註依古今集詳議儒官連狀題其章名重加

商量遂依所請明王偉孝經集說序據此曰玄宗自為之注用十八章為正先是自天子至庶人五章惟皇侃標其目冠於章首至是用諸儒議章始各有名如開宗明義等此以開宗明義等章名為玄宗所加然先是皇侃著孝經義疏云開宗及紀孝行喪親等三章通於貴賤劉炫古文孝經述義亦云與之論孝開宗明義上陳天子下陳庶人此並載于邢疏是以歸有光孝經敘錄自序云章名乃梁博士皇甫偘之所標非漢時之所傳此亦不然陸德明孝經釋文依鄭註而列章名晉王羲之草書孝經亦同葛洪抱朴子仁明云仲尼以明義首篇

此指所謂開宗明義章而言之宋沙門慧琳著辨正論云孝經者自庶達帝不易之典從生暨死終始具焉略十八章孝治居其一撥此指所謂孝治章而言之然則孝經之有章名已久矣然亦非漢時有之其有之者蓋昉于魏晉之際矣余因攷之天子章名見于邢疏所引鄭註諸侯章名見于太平御覽所引漢實錄庶人章名見于顏師古所引劉向之語則若五等章名漢世已有之可以侻證援神契矣劉向又指今所謂三才章而爲曾子敢問章漢書藝文志註邢原指感應章而爲明王之章鄭司農集因知漢世孝經有五等章名而他章雖今文無今所

謂章名故彼國所傳古文司馬光本范祖禹本楊簡本朱申本董鼎本亦不列章名朱子刋誤於每章末云今文爲其章可見古文無章名焉我　邦所傳古文亦原無章名予嘗觀世尊寺經尹公所親書古文孔傳橫卷於稻毛聖民直道家文字古雅其筆法自有門風實爲五百年前物也此本亦不載章名然則坊刻孔傳古文其列章名者蓋後人倣今文而追加之也若謂古文亦有章名未之審者也

古今文各有二本考

孝經之有古今文也人皆知之而不知古今文亦各有

二本也隋書經籍志云遭秦焚書爲河間人顔芝所藏
漢初芝子貞出之凡十八章而長孫氏博士江翁少府
后蒼諫議大夫翼奉安昌侯張禹皆名其學又有古文
孝經與古文尚書同出而長孫有閨門一章其餘經文
大較相似篇簡缺解今詳其文今文十八章長孫氏江
翁后蒼翼奉張禹皆傳其學而長孫氏獨云有閨門一
章則其餘四家傳本闕之固勿論也唯其有閨門一章
而章數十八不知他章有併爲一者耶漢書藝文志
云孝經一篇十八章長孫氏博士江翁少府后蒼諫議
大夫翼奉安昌侯張禹傳之各自名家經文皆同由此

觀之長孫氏所傳亦自十八章其經文似復無異同然則隋志所謂有閨門一章者抑亦何故後觀晉王羲之草書孝經羲之孝經今藏在仙臺侯文庫云是慶長之役得之朝鮮者余藏其模本其經從今文而別有閨門一章合爲十九章羲之所傳果是長孫氏本則自是一今文亦可以證隋志矣但羲之孝經彼國歷代法書家無一言及之且法帖所載後人集右軍字如唐僧懷仁聖教序亦未可知也更俟知者審訂之太平御覽引桓譚新論云古孝經一卷二十章千八百七十二字今異者四百餘字蓋其異者四百餘字則斷是古字矣其千八百七十二字則文有羸縮耳唯其

二十章則不知何故也經義考載唐李士訓說曰大歷初予帶經鉏瓜于灞水之上得石函中有絹素古文孝經一部二十二章一千八百七十二言此其字數同于新論而章數則異因疑御覽所引新論二十下或脫二字亦未可知也後攷王應麟玉海亦三引新論皆作二十章而無一添二字者御覽玉海不應皆誤也陳耀文天中記亦引新論作二十章然則新論原本亦作二十章自是一古文而與壁中古文又自別矣今文之爲十八章古文之爲二十二章在西漢爲已然而當時又有十九章之今文二十章之古文蓋章之分合字之多寡無關義理者舍而

不論古之學皆然也若夫以此定其優劣亦後世之見也夫

古文孝經私記卷下

秋田鈴木讓
江戸朝川鼎五鼎氏著　門人伊豆三須復仝校
南部汲川恭

道德辨

吾聞之道者人所必由而履也君臣父子夫婦兄弟朋友各有道先王有先王之道君子有君子之道庶人有庶人之道道並行而不相悖者蓋有故也夫民受天地之中以生所謂命也命者性之始故天之所命謂之性性也者生也蓋其善善惡惡曲爲曲直爲直此民之生

而所有卽性也在書謂之有恒在詩謂之秉彝雖然直情徑行隨其自然而無假脩爲者夷狄之道也於是乎古先聖王以聰明睿知之德承天命循民性立之中制以導之使人得其所可由而履謂之道而其大原出於天故其教人每言必稱天不敢自專曰天敘有典曰天秩有禮曰天命有德曰天討有罪此非虛假天而愚誘黔首實以爲道所由而出也不知焉者乃曰率性自然而人皆有之夫道者道路之義人所出入往來必由而履者也蓋其履之在人而所履者豈人哉若謂其履之従所履者皆存於人豈不亦可怪乎或又曰先王所造

非性自然然則聖人強人以性所無亦不通之甚誰其信之今試使服不氏教擾其最易馴之馬牛犬豕而蘇張說之前責諸怒之後雖以求行人倫之道吾知其決不能何則無其性也故禹之行水隨潤下性其當合者合之當分者分之或左或右或直或曲東迤北播隨山滙澤而歸之東海使無復逆行之患矣聖人率性而立道脩道以爲教無乃亦然乎中庸云天命之謂性率性之謂道脩道之謂教蓋此之謂也德者得也得道之稱其得之或以性或以學而其於得之則皆同矣其得於性得於學或以心或以身而其於得諸已則亦皆同矣

夫生知安行其德不脩而自治者上智也無以加焉然聖人不以此專爲言而以好學自居何則中人已下非學無可以成德也其學以成德蓋在敏以求之故周禮三德其得於性者謂之至德得於學者謂之敏德至德敏德並設以教人爲此也孔子曰十室之邑有忠信如丘者焉不如丘之好學也夫忠信禮之本也豈不亦美乎然而爲此言者蓋言忠信之人無處無之好學之士或無有焉以示學之不可不好也故古之教人學以成德德以行道道者所以明德也德者所以尊道也是以非德道不尊非道德不明此非予言也曾子嘗聞之夫

子矣

至德要道解

至德者謂德之至者也蓋其爲德生而知之安而行之不脩不爲自然而然比諸其得於學者學而知之利而行之豈不亦德之至乎若泰伯三以天下讓周之三分天下有其二以服事殷夫子皆以至德稱之何也夫得天下大利也其位誰不欲爲且天與之人歸之乃棄不取以三讓焉以服事焉其德非天性其孰能之周禮三德其一曰至德二曰敏德三曰孝德凡人子之孝於親有得諸性者有得諸學者然則孝至德也敏德也而特

以孝德別稱之者，蓋以天之經地之義百行之首萬善之長非復衆德之比也大司樂以樂德教國子中和祗庸孝友若所謂中和祗庸者衆德皆可以稱之而別列孝友亦此意易大傳云易簡之善配至德此言易簡乃乾坤之德可以配人之至德也中庸云苟不至德至道不凝此言至德之人而至道可凝也若莊子所謂至德之世亦言以天性爲之德不煩造作自然而然之世也夫父子之道原出於天性非人爲之是以孩提之童無不知愛其親孝之爲德其至矣夫子亦嘗以至德稱之至第十六章以孝悌臣更廣宣其義蓋以此也然則父慈而子親乃天性之常於是乎爲之子者胎養之勞襁哺之苦生而習之習以爲常眼前大恩恬然罔識狎恩恃愛而漸流不敬卽入不孝亦不自知其誤人之習情率皆然先王知其如此禮以坊德使凡爲人子者不陷於大不孝所謂禮者敬而已矣敬一人而千萬人說故其爲道可以一管衆因命曰要道鄭康成曰至德孝悌也要道禮樂也可謂善解此章矣

孝德之本教之所由生解

先王之教人未嘗不本諸德而德以孝爲本蓋以孝百行之冠衆善之始也故堯舜之道必於是三代之政亦必於是外乎是而別無所謂道矣又無政矣曾子曰衆

之本教曰孝亦此意自古聖人莫不以教化爲急務故立大學以教於國設庠序以教於鄉皆所以明人倫也人倫明於上而小民親於下蓋人之大倫根於天性但其爲人欲所陷溺非有所提撕警覺則不明此教之所由設也而其所以爲教者亦皆莫不由孝以生矣禮祭義稱曾子曰仁者仁此者也禮者履此者也義者宜此者也信者信此者也强者强此者也樂自順此生刑自反此作孟子亦曰仁之實事親是也義之實從兄是也智之實知斯二者弗去是也禮之實節文斯二者是也樂之實樂斯二者樂則生矣生則惡可已也惡可已則

不知足之蹈之手之舞之然則仁義禮樂莫可離孝而言者矣善乎王去非之言曰學者學乎孝教者教乎孝故皆從孝字慈湖蒙齋謂古孝字只是學字愚案古文韻學字古老子作斈教字郭昭卿字指作斈○困學紀聞蓋謂孝外無學又無教也夫子於首章發一經之端而曰夫孝德之本也教之所由生也不其然乎

身體髮膚受之父母不敢毀傷辨

詩云維桑與梓必恭敬止所謂桑梓父母所親植孝子愛敬之至雖一草一木之微尚且必加恭敬不敢忽之況乎身者非其私有也嚴親之遺躬也豈敢可不愛敬乎蓋其身體髮膚不敢毀傷以遺躬處人子之常者而

殺身成仁以遺體處變者也曾子有疾召門弟子曰啓予足啓予手詩云戰戰兢兢如臨深淵如履薄氷而今而後吾知免夫小子此蓋因手足以示全歸之道而又幸其不處變也聖人之教人有以常者焉有以變者焉蓋非常無以應變非變無以盡常也然而其實常與變不得混而言之孔子曰君子無不敬也敬身爲大身也者親之枝也敢不敬與不能敬其身是傷其親傷其親是傷其本傷其本枝從而亡（禮哀公問）曾子曰身也者父母之遺體也行父母之遺體敢不敬乎（禮祭義）孟子曰事孰爲大事親爲大守孰爲大守身爲大不失其身而能事

其親者吾聞之矣失其身而能事其親者未之聞也孰不爲事事親事之本也孰不爲守守身守之本也（離婁上）此皆言人子之常也樂正子春下堂而傷其足數月不出猶有憂色（禮祭義）范宣年八歳後園挑菜誤傷指大啼（世說新語德行上）皆以毀傷身體爲言正爲此耳曾子曰戰陳無勇非孝也（禮祭義）然則若貪生怕死以虧其行乃雖不毀傷身體亦不可以爲孝矣孔子曰志士仁人無求生以害仁有殺身以成仁言其處變之道也真德秀亦嘗謂殺身所以成仁既成仁則孝在其中矣因爲說殺身成仁則形雖虧其理不虧身雖殞其性不失乃所以爲

孝也。昔晉周處死於戰陣，其母猶在，太常賀循謚之曰孝。以常情言之，母在而死於國，可以爲忠，而不可以言孝矣。而晉人乃稱周處爲孝者，蓋忠孝一理，能忠於君，乃所以爲孝也。然捐身蹈難，乃處臣子之變；如曾子之戰兢自守，乃處人子之常。要當參觀可也。（真西山文集）其言當矣。而物茂卿不知斯義，據孝經僞孔傳，以毀傷爲刑傷，而曰身謂劓與宮，體謂刖，髮謂髡，膚謂墨，故身體髮膚四者，指五刑而言之。古之道以免於刑戮爲先，故曰身體髮膚受之父母，不敢毀傷，孝之始也；以見用於世爲難，故曰立身行道，揚名後世，以顯父母，孝之終也。（論語徵其徒太宰純主張其說亦曰三代之刑有劓刵及宮非傷身乎刖非傷體乎髡非傷髮乎墨非傷膚乎以此觀之孔傳尤有所當也王仲任亦嘗誦此經文而曰孝者怕入刑辟刻畫身體毀傷髮膚少德泊行不戒慎之所致也合而觀之可以見古訓焉如從諸家說則忠臣赴君難者不避水火兵及節婦有斷髮截鼻者彼皆爲不孝矣（孔傳古文孝經序）夫身遭亂世免濫刑者幸也幸不幸在時非所以爲教也身體髮膚不敢毀傷者敬身之義所謂父母全而生之子全而歸之可謂孝矣是也立身行道揚名後世以顯父母乃終身之義所謂不虧其體

不辱其親可謂全矣是也經文以終始言之其義自明

二氏混常與變而爲言可謂誤甚矣

天子論

天子者何有父母之稱也古者天子繼世而立固無生親可事於是乎父天母地而爲天之子故其所以事天地之道亦不外事父母之道也是以古之明王事父孝推所以孝父者事天於南郊圜丘而其禮明事母孝推所以孝母者事地於北郊方澤而其義察事天地既明且察則神祇亦感其至誠而必致之福應此可以見天地即天子之父母而事天地乃行孝之所推及矣何則

雖凡爲天子者不能無父母而生也則豈謂無事親之道而可乎故天子章以愛敬親者不敢惡慢於人論其孝但其繼世而立固無生親可事也則豈謂愛敬之心以存歿爲異而可乎故至第十七章以宗廟致敬爲不忘親之義蓋爲此也周之王天下也周公成文武之德追王大王王季上祀先公以天子之禮既可以天子之禮祀先公獨不可以天下之養養生親乎孟子亦嘗論齊東野人之語曰孝子之至莫大乎尊親尊親之至莫大乎以天下養爲天子父尊之至也以天下養養之至也夫以天下養而不致爲人子之道豈可得謂之善養

乎應劭之言曰天子無父其亂道害教孰甚焉不可不察也

庶人章辨上

劉向云古文字也庶人章分爲二曾子敢問章爲三又多一章凡二十二章者是其校古今文而言之也乃在漢世其章數固既然唐司馬貞議曰分庶人章從故自天子已下別爲一章仍加子曰二字然故者逮下之辭既是章首不合言故是古人既沒後人妄開此等數章以應二十二之數吁何不思之甚且若此章從以爲一則其於文義亦復難通何者上五章各說五等之孝既

畢乃以子曰別起一章以總括五孝此篇體裁固當然也經云自天子已下至庶人便是總括五孝之辭若專屬之庶人而已則天子已下四字其所指甚爲無謂所謂孝無終始而患不及者未之有也之言又何獨備於庶人而略於天子已下此之不疑而反疑古文予所不解也以予觀之所謂今文果是劉向所校者其謂分爲二亦不以故字已下分之則中間別無文句之可斷爲一章者若以此疑古文雖今文亦有可議處其又謂故者逮下之辭既是章首不合言故亦誤矣余謂故者連上逮下之辭若此章亦上五章各說五孝既畢更用故

字以發一章之端因上起下其文義固然也嘗與秋田糸井君鳳翼論及此章義君鳳擧史記律書之贊語太史公曰故旋璣玉衡以齊七政且曰自上逮下中間段落數件則末語未可遽用故字以結之因以太史公曰起之而後始以故字結之若孝經亦然上五孝每章以子曰起之又引詩書斷之則其中間段落數件一如律書之體裁亦未可遽用故字以結之因以子曰別起一章而結上五孝不亦宜乎此說是也今以文法論之若今文合爲一章不啻條理不分明又大害文義不可從也

庶人章辨下

蓋夫子作經首論五等之孝於每章末斷以詩或書獨庶人一章無之司馬溫公嘗窮於村父之問嬾眞子是世所俱知也沈歸愚文鈔載孝經精義序其略云朱子作刋誤去皇侃標目合首六章爲一章其識卓矣而未及註釋又疑此書或非聖人之言是朱子尚游移其說不能無待於後人之論定也張子鳳岡起而註解釐定之案其文釋其義明白顯易炳如朗如章分十三支分爲四而一支之四引詩一引書於篇首爲發端之辭不於篇末爲引證之語初無闕文剩句之可疑也其說極新

奇而西漢孝經既以所謂大雅云亡念爾祖聿脩厥德屬首章之末其證在漢書匡衡傳且與下章引詩者文例不倫是焉有此理哉若謂西漢孝經不足證而又併下章引詩者移置每章之首決不成文理也其假合附會全憑胸臆之見不可從矣王士禎池北偶談云昨見東郡耿君隱之道云曾見古本庶人章末引詩云晝爾于茅宵爾索綯此乃思而不得其說以已猥補聖經因託古本欲以取信於世何其皆戾於闕如之教也余謂每章之末或引詩書或不引詩書引與不引原無定例固非引者詳而不引者畧又非不引者言有餘而引者

意不足也古文之體率皆爲然此可以知其不必拘泥矣

孝天之經地之義民之行辨

夫孝之爲道在天則爲經日月星辰運行於天而有常是也在地則爲義山川原隰分別土地而得宜是也聖人則天明以爲經因地利以行義然後父子之恩行而君臣之義得矣蓋孩提之童知愛其親而已未嘗知有所謂尊嚴之道而其尊卑一定而不可易者自存焉及稍長漸識義方則日加尊嚴其天性固然也凡親者易褻而嚴者漸疎於是乎聖人因其有嚴而教之敬因其

有親而教之愛亦不過率性以導之使愛不至于褻敬不至于疎耳其親與嚴者性之所固有敬與愛皆聖人之所由而脩即道也先王之道莫大於孝而孝之爲道以愛敬爲主故孝經一篇其所說唯此而已（任文田集注載李厚庵說亦曰此書之要在愛敬二字）梁蕭子顯著孝經敬愛義亦爲此也但其愛之敬之非禮以脩之則不可謂孝也孔子曰生事之以禮死葬之以禮祭之以禮孟子亦嘗論孝悌而以節文斯二者爲禮樂斯二者爲樂何則孝悌禮樂固非二途也夫孝悌至德也禮樂要道也所謂德者道之本道者德之功非道無以明德非德無以行道故夫子

以禮語孝子產以孝論禮然則以德謂之孝以道謂之禮其理豈有二哉夫子於經首章至德要道並稱以爲教亦以此耳朱子著孝經刊誤引春秋左氏傳以疑此章誣亦甚矣余嘗謂在西漢之世劉子政尤珍重左氏（桓譚新論）而其於別録乃云夫孝天之經也地之義也民之行也擧大者言故曰孝經（劉炫古文孝經孔序直解引劉向別録）班固亦本于此（漢書藝文志）並以此語爲經之所由以得名者未嘗以左氏疑之豈唯此人爲然而已哉董仲舒對河間王亦以爲稱孝之語（春秋繁露五行對）朱子生乎千載之後何所據而云爾予固未敢深以爲然也

曾子敢問章辨

所謂曾子敢問章爲三者是乃古文章次固然也今文合爲一章語意不相連屬其誤顯然可見但雖古文篇簡錯亂而前後失次義理又未條貫初學或不能無疑也今據漢志正其錯簡章爲分解使一見易了亦不過隨文訓解耳蓋其一章則曾子既聞明王以孝治其極至之效人和神悅以致天下和平於是乎始知孝之爲大因以爲夫如是則聖人之治天下一孝而足不知其所以爲德者果無以加于孝乎孔子答之曰天地間有生者何限惟人最靈禀元氣之精鍾五行之秀以爲質

兼彝以爲性有氣有生有知亦且有義故最爲天下貴固非萬物可得比也人有百行而行之大者莫大於孝所謂孝卽愛敬之道蓋父子相親乃天性之常雖嚴敬之心生乎稍長其或挾恩恃愛而漸流于不敬亦不爲不多矣凡人子之於其親愛可能也敬爲難故孝之爲道以嚴敬其父爲大若論嚴敬之至莫有大於以父配天而祭也雖然其爲之有命與時而存焉非謂人之行孝皆當以父配天也若夫周公成文武之德追王大王王季上祀先公以天子之禮則係命與時而有之夫所當得爲而不自盡是爲天下儉其親也周公豈其然乎

故制爲以父配天之禮而首行之所謂郊祀宗祀乃是配天之至極而周公之所獨也因擧其事更論其效而謂周公一爲以父配天之禮以極孝敬之心則四海之內爲諸侯者各奉其職貢而來駿奔走執籩豆以助其祭此乃所謂得萬國之歡心以事其先王者而聖人之德又有何者可以加於孝乎其文勢語脈相首尾以承其次此尤易見也是故親生之膝下以下四十四字全屬次章錯簡餘以舊本次序爲是元吳澂孝經章句云漢藝文志引此云父母生之續莫大焉故親生之膝下諸家說不安蓋當時編簡猶未錯亂今考而正之則文

屬而意完矣其說是也但其移聖人之教至本也二十字屬下章謂之悖禮下刪去以順則逆以下九十二字合三章爲一章此予所未信也明沈淮孝經會通移故親生之膝下以下四十四字屬父子之道天性章厚莫重焉下其說比呉氏最覺穩帖而其列先後次序爲一十五條此亦予所未信也其次章乃云父子相親之道乃其天性非人爲之也而其至親之中父尊子卑自有君臣之義存矣故子之於父母皆有嚴君之義蓋親則父也尊則君也有父之親有君之尊此皆發天性之不容已者凡爲人子者父兮生我母兮鞠我三年然後免

於父母之懷其間拊之畜之長之顧之復之千般劬勞百樣艱苦又何足道哉其已生之初無知無言呱呱待哺便溺未分當此時舍父母則一籌不展一情不立然則其得因以分形因以成人者實皆出於父母之賜其攻苦之功莫此爲大天下至親莫親於父子過親則易褻人之常情也故先王之制父子不同席以厚敬也父子之間不責善以全恩也於是父以尊嚴臨子子以親愛事父其恩義之厚莫此爲重所謂親愛之心生於膝下及稍長以敬養其父母一日加於一日豈不亦攻苦之功恩義之厚使之然乎聖人因其有親親之心而教

之愛因其有嚴親之心而教之敬故不加肅戒而教成不假威嚴而政治其所以然者亦因人之天性而導達之耳其次章乃云夫孩提之童無不知愛其親及長無不知敬其兄乃天性然也是以聖人之教人立愛自親始立敬自長始凡物有輕重事有先後吾親與他人孰重孰輕事父母與接他人孰先孰後今輕其所當重而重其所當輕後其所當先而先其所當後是之謂不知務豈惟不知務哉以德則非孝也以道則非禮也苟爲人上不能身行愛敬於吾父母而使天下之人愛敬其父母者萬萬無是理若以是爲教則悖逆昏亂而民無

所取法也夫不身居於愛親敬親之善而其所爲皆在於悖德悖禮之凶則雖以是得志於人上幸而有功利君子不從之君子之常常所思念者不在于此而在于彼其言卽先王之法言其行卽先王之德行言而欲民信之行而欲民悅之德義則欲其可以尊崇之事業則欲其可以法則之容止進退則欲其可觀以爲度也而後以君臨其民則有威而可畏有儀而可象此其所以德教成而政令行也乃與天子章所謂愛敬盡於事親然後德教加於百姓刑於四海同一意因更引詩以證之義取善人君子其威儀不差忒故爲人法則也其文

甚明原無合三章爲一之理世之言今文者試就古今文二本平心較量則其是非所在不待辨而自明特慮人之猶惑其說也故聊爲辨之

天帝論

經云周公郊祀后稷以配天宗祀文王於明堂以配上帝自古王者祭天必以祖配其故何也禮郊特牲云萬物本乎天人本乎祖此所以配上帝也郊之祭也大報本反始也惟周人享國千年基由后稷王業之盛特起文王故以后稷爲始祖文王爲太祖而其配天者則后稷也不能祀文王于郊以配天於是乎特祀之于明堂以

配上帝不敢以文王與后稷並何則尊無二上也此乃周公創制所謂禮也者義之實也協諸義而協則禮雖先王未之有可以義起也（本陳祥道說）孔子曰孝莫大於嚴父嚴父莫大於配天則周公其人也不亦然乎其曰配天曰配上帝取名雖殊義則一也朱子曰為壇而祭故謂之天祭於屋下而以神祇祭之故謂之帝（朱子語類）吳澂本乎此曰祀之于郊則尊之而曰天祀之於堂則親之而曰帝（孝經章句）其繫帝于堂繫天于郊但就孝經一書而言校之他書不必然也禮（明堂位）云祀帝于郊配以后稷此謂后稷亦配上帝於郊可以見其相通用矣周禮典

瑞四圭有邸以祀天旅上帝蓋祀天正祭也旅上帝有故而祭也曰天曰上帝亦互文耳若孝經亦復然夫天帝一而已以形體謂之天以主宰謂之帝言天便有覆幬意言帝便有統御意曰昊天者廣遠之稱曰上帝者尊極之稱曰昊天上帝者兼之故以一字言則祀天享帝之類以二字言則格於皇天殷薦上帝之類以四字言則惟皇上帝昊天上帝之類以氣之所主言則隨時隨方而立名如青帝赤帝黄帝白帝黑帝之類其實一也此非予私言乃先儒之說亦然蓋天帝之論當以此爲定鄭玄以其惑於纖緯旣附會星垣又強立燿魄寶

及靈威仰赤熛怒含樞紐白招拒汁光紀等名目而謂天有六而天帝爲二以緯亂經雖不辨可以知其杜撰無稽矣賈逵馬融王肅等以五帝爲非天惟用家語之文而謂太皞炎帝黃帝五人帝之屬（禮郊特牲正義）王肅乃曰天惟一而已安得有六五行分主四時化育萬物其神謂之五帝是上帝之佐也猶三公輔王三公可得稱王輔不得稱天王五帝可得稱天佐不得稱上天若然則五帝雖原是人帝在天即爲天佐何可與上帝同稱帝乎其說遂不通也陳祥道曰五帝與昊天同稱帝不與昊天同稱天猶諸侯與天子同稱君不與天子同稱王

禮書此猶未免岐昊天上帝與五帝而爲二也魏了翁有見于斯而謂天無二日民無二王昊天上帝而外復有五帝豈有此理詩書不言五帝而周禮獨言五帝此出于劉歆鄭康成之附會陳祥道又從而强爲之説此既疑五帝之稱併又疑周禮豈不亦甚乎至　本邦物茂卿乃曰蓋上古伏犧神農黃帝顓頊帝嚳其所制作畋漁農桑衣服宮室車馬舟楫書契之道亘萬古不墜民日用之視以爲人道之常而不復知其所由始日月所照霜露所墜蠻貊夷狄之邦視傚流傳莫不被其德雖萬世之後人類未滅莫之能廢者是其與天地同功德

廣大悠久孰得而比之故後世聖人祀之合諸天名曰帝如月令所載五帝之名是也夫人死體魄歸於地魂氣歸于天夫神也者不可測者也何以能別彼是乎況五帝之德侔于天祀以合之與天無別故詩書稱天稱帝莫有所識別者爲是故也如堯舜以下作者七人既祀之學萬世不替而五帝之德若是之大豈泯泯乎不祀先王之道斷乎不然矣所謂祀其始祖配諸所自出之帝者即五帝也即上帝也可知已（辨名）果然則五人帝之前有天而無帝不亦可怪乎程子曰帝者氣之主也豈有上帝而別有五帝之理此因周禮言祀昊天上帝

而後又言祀五帝亦如之故諸儒附此說正與今人說六子同也乾坤外甚底是六子譬如人之四肢只是一體爾（二程全書）此說極是而楊復推廣程義以謂夫有天地則有五行四時有五行四時則有五帝帝者氣之主也易所謂帝出乎震是也祀天祀五帝皆聖人制禮之條目非分而爲六也天猶性也帝猶心也五帝猶仁義禮智信之心隨感而應者也其實則一天也方觀承亦本于此曰天即帝也帝則天也天一而已何得有六然帝既有五天亦何嘗不可有六此如心君然心一而已本無兩心然分而言之有惻隱羞惡辭讓是非之不同豈

可以惻隱羞惡辭讓是非之心不爲心哉若謂五帝不爲帝六天不爲天則分爲四時何不可曰春天夏天秋天冬天列於五方何不可曰東天西天南天北天也哉然是就一時一方言之雖同曰帝同曰天而不得謂之統體之天也卽如程子謂乾坤外甚的是六子誠哉六子卽統於乾坤也然須知八卦成列乾坤外原有六子但既同體而異形則不得仍謂之乾坤矣（五禮通考）其若五人帝配享五人神從祀之義王應電嘗論之曰蓋天體雖一而氣之流行截然不同易曰帝出乎震齊乎巽月令曰盛德在木之類是矣故王者因其氣之至而祀之

也夫天無心也一陽之生天心于是而見故冬至以祭天帝無形也五氣之易帝之主宰于是而見故于四孟季夏以祭五帝然祭雖有五但因其方氣之不同而其禮物亦異非天實有五也至其所配則以五人帝而其從祀又以五人神者蓋上古聖人繼天而王其性雖無不全其歷數受命必各得其氣之盛若太皞以木德王周人以火之類又古者神明之臣皆能爕調元和司天司地各有攸職世執其功如重爲勾芒黎爲祝融該爲蓐收修及熙爲玄冥其功不可掩故必配以五人帝而從以五人神也周禮解 此皆先儒至論故表而出之

禮樂論

三代之政以禮樂爲本禮所以修外也樂所以修内也故曰禮樂不可斯須去身心中斯須不和不樂而鄙詐之心入之矣外貌斯須不莊不敬而慢易之心入之矣是以先王之於民也以五禮防其僞而教之中以六樂防其情而教之和何則非禮無以爲樂而非和無以適中然則禮之和處卽爲樂樂之節處卽爲禮孔子曰達於禮而不達於樂謂之素達於樂而不達於禮謂之偏故三代之隆莫樂而必不翕於禮莫禮而必不用樂焉雖然羽籥鐘鼓樂之末節也故童者舞之籩豆玉帛禮

之末節也故有司掌之若遺其本而事其末則豈禮樂之謂哉孔子曰禮者天地之序也樂者天地之和也又曰事得其序之謂禮物得其和之謂樂但其和云序云非玉帛以見之鐘鼓以著之又何見其持敬而溫文也於是乎聖人見於玉帛著於鐘鼓因以寓教蓋其法象所寓道義所藏使人思之而知所以教守之而知所以禁此卽教人之術不得不然也雖然無聲之樂傾耳而聽不得而聞也無體之禮明目而視不得而見也則禮樂之本原豈可以器數求之乎孔子曰禮云禮云玉帛云也哉樂云樂云鐘鼓云也哉蓋謂此也及周之衰禮

煩而樂淫徒規規乎威儀聲音之末而不得其本原蓋先王制禮因心而爲之節稱情而立之文其宮室衣服車旗械用有等其冠昏喪祭朝聘射御有儀以辨上下定民志夫上下之分辨然後民志定民志定然後君臣以正父子以篤兄弟以睦夫婦以和長幼以順此之不務而屑屑焉威儀是習抑亦末矣且其所謂威儀亦非威儀也左傳稱衛北宮文子曰君子在位可畏施舍可愛進退可度周旋可則容止可觀作事可法德行可象聲氣可樂動作有文言語有章以臨其下謂之有威儀也則威儀之於禮於是乎爲大矣魯昭公之所習（昭五年左）

傳趙簡子之所問昭二十五年左傳皆儀也而不知焉者見以
爲禮則時之知禮者蓋鮮矣豈徒禮而已哉樂亦然夫
樂本諸理而著諸歌形諸舞故言乎理則是天地之和
固非歌舞所能盡也惟卽歌舞而求之則先王所以制
樂之意可想而知焉聖人教人傳其音而象其容抑亦
有故在周禮大司樂以樂德樂語樂舞教國子所謂樂
德則中和祗庸孝友是也書云直而溫寬而栗剛而無
虐簡而無傲亦言其要爾樂語則謂興道諷誦言語蓋
其所以興之道之諷誦之言語之者三百篇固勿論矣
凡諸侯之所貢天子之所受其可以列於樂官卽此也

樂舞則所謂六代之舞黄帝曰咸池堯曰雲門舜曰箾韶禹曰大夏湯曰大濩武曰大武其所習卽六聖之遺象也蓋六聖一生之功德可以詠歌可以舞蹈者使夫國子置身於六聖之地而躬行實踐之因其節奏容止以求其義理之旨歸則其益豈謂小小哉夫歌所以傳其音而舞所以象其容也故教樂歌以和其聲教樂舞以善其容聲已和矣容已善矣而後樂德可成也大師教六詩必以六德爲之本亦爲此耳是以古之教人自幼少以至成人自至貴以逮至賤皆莫不於樂蓋其漸摩之久涵泳之深雖自外來與我爲一則雖欲不風移

而俗易焉可得也故宓子賤鳴琴以治單父子游絃歌以化武城鄉人且猶然況邦國乎經云安上治民莫善於禮移風易俗莫善於樂此之謂也

閨門章辨上

閨門章二十四字無一可疑而唐司馬貞議曰近儒欲崇古學妄作傳學假稱孔氏輒穿鑿更改又僞作閨門一章劉炫詭隨妄稱其善且閨門之義近俗之語必非宣尼正説案其文云閨門之内具禮矣乎嚴親嚴兄妻子臣妾繇百姓徒役也是比妻子於徒役文句凡鄙不合經典鼎案近儒妄作傳學假稱孔氏於理有之但其

謂於本經偽作閨門一章則大不然據隋書經籍志漢初長孫氏傳本亦既有此章今文家且猶或然何獨疑之於古文且劉向所謂多一章者當時使無此章其所指果安在哉故朱子就古文孝經作刊誤特於此章註之曰嚴父孝也嚴兄弟也妻子臣妾官也是蓋懼世或有疑之如司馬貞者而示其可信也大學云孝者所以事君也弟者所以事長也慈者所以使衆也荀子云賜予其宮室猶用慶賞於國家也忿怒其臣妾猶用刑罰於萬民也亦皆此章意若謂其義近俗而黜之六經諸子其不近俗者幾希又妻子臣妾雖均是一家所有妻

子貴而臣妾賤也經云治家者不敢失於臣妾之心而況於妻子乎是明明分爲二者故司馬光范祖禹之註孝經並以妻子比百姓臣妾比徒役孝經釋疑亦云妻子對百姓言臣妾對徒役言所謂徒役如詩云公徒易云師徒百姓之役於官者非犯姦者也其說當矣而今云比妻子於徒役者不亦誤乎世儒或云閨婦人所居故閨門可稱之妻子不可稱於父兄也蓋本於爾雅宮中之門其小者謂之閨而云爾此亦大不然左傳襄十年篳門閨竇禮儒行作篳門圭窬圭與閨古字相通說文云閨特立之戶上圓下方有似圭蓋宮中小門其形窣然

因有此稱耳左傳昭元年罕虎公孫僑公孫段印段游吉駟帶私盟于閨門之外實薰隧墨子備穴大城丈五爲閨門廣四尺皆謂城門也文選別賦金閨之諸彥亦謂金馬門也凡此類皆以其形似稱之則何唯宮中小門而謂閨哉是以荀子樂論閨門之內父子兄弟同聽之則莫不和親禮仲尼燕居以之閨門之內則三族和其若三族和則閨門又何限於婦人所居而言乎予所見既如此後得吳隆元孝經三本管窺而讀之亦載斯說與予前論暗合若符節是可以知予言不誣矣

閨門章辨下

孝經之古今文雖章有分合句語有增減固無關義理者其所甚異唯閨門一章耳世之奉今文者以閨門章反疑古文度其爲說蓋不過據司馬貞說以推演之夫安所證哉故若沈淮孝經會通朱鴻孝經質疑雖亦從今文反取閨門章其意甚善而沈淮以此章爲第十三條論士庶人之孝朱鴻乃曰子曰閨門之内至猶百姓徒役也凡二十四字君子之事親孝至名立於後世矣凡四十三字朱文公以閨門章因上章三可移而言㒵文正公獨削去之謂其淺陋不類聖言鴻細玩此章首言閨門之内末言行成於内兩内字緊緊相照極有關

鍵此正聖筆精妙處特以篇簡錯雜爲世所疑唐司馬貞黜之爲尊者諱耳今合爲一章以前五句爲起語後六句爲應語末二句爲結語首尾相應脉絡貫通讀之自覺意味深長文公繭絲牛毛之學與司馬溫公兩存之者眞有見矣江元祚孝經大全所收孝經質疑闕此條今從朱鴻刊集孝經諸說所收沈榜校本鼎思又一支離要之不若舊本之章第相承而文義易通也孫本孝經釋疑云唐司馬貞欲削閨門章爲國諱不得不以古文爲僞故駕是說以欺壓同議使漫無可考得以恣其誕爾閨門章漢初長孫傳今文卽有之此載隋志曾三老進古文劉向亦以顔本考定雖云除

其繁惑然志謂經文大較皆同則閨門章未嘗削矣陳繼儒狂夫之言亦云孝經閨門一章由周秦而下傳漢至唐列爲二十二章開元間博士司馬貞爲國家諱始黜之而唐遂有馬嵬之禍則孝經閨門之教廢也此蓋言今文亦原有閨門一章欲以分謗牽强附會尤甚攷之漢志劉向所謂多一章卽謂閨門章也且司馬貞議孝經若使今古並有此章豈主今文而疑閨門之義若其謂爲國諱殊不得然何者孝經敕議在開元七年蓋玄宗卽位之初好賢樂善勵政事任姚崇宋璟爲相以致開元之治天寶以來始溺楊妃之寵遂招祿山之亂不知當時有何所諱而黜之亦不可解也閨門之義原有定論亦何假於異說邪

世之奉今文者勿意勿必勿固勿我審其是非所在若

謂鼎之愚亦有一得以奉古文豈不亦斯文之幸乎

文化八年辛未冬十一月發兌

京都　富小路三條下ル町
須原屋平左衛門

堀川通高辻上ル町
植村藤右衛門

大坂　心齋橋筋北久太郎町
河内屋喜兵衛

日本橋青物町
西宮彌兵衛

江戸　日本橋通二丁目角
小林新兵衛

古文孝經攝字注

[日]藤原隆都 撰

孝經序

顔子之所好曾子之所困果何學歟曰天地之性人爲貴人之行莫大於孝君子修之吉小人悖之凶君子修之戒慎恐懼也小人悖之無忌憚也孝經顯其體中庸審其理皆是大易之藴奧而顔曾所好困即是也故周子發明之而作圖說程子繼之而述傳學者宜遡其淵源以探知其旨決而此經哉　國亦

孝經序
司書院

既傳久而其文不能無錯簡聖治章從是以親生育之以下四十四字恐當生績章入莫重焉下且親生育之以養當爲句絕言父母養其子也恐非言子養其父母也父母日嚴當爲一句言父母之威德日尊嚴也恐非言子養其父母而致尊嚴焉也易曰家人有嚴君焉及誤字聖治章聖治治字恐當作德事君章忠心忠字恐當作中臧之臧字恐當作藏喪親章正也正字恐當作制禮記曰立中制節衍文脫語士章故以故字恐衍文一曰愛敬兼之一曰忠順不失互文以明事君父之道一應感章必有長也下恐脫言有兄也四字禮記曰食三老五更於大學雖然聖經不可輕改故今刻此古文以與同志之士共講究云爾嘉永三年庚戌六月

甲子藤原隆都謹序

孝經

開宗明誼章第一

仲尼閒居曾子侍坐子曰參先王有至德要道以訓天下民用和睦上下亡怨女知之乎曾子避席曰參不敏何足以知之乎子曰夫孝德之本也教之所繇生也復坐吾語女身體髮膚受之父母不敢毀傷孝之始也立身行道揚名於後世以顯父母孝之終也夫孝始於事親中於事君終於立身大雅云亡念爾祖聿修其德

天子章第二

子曰愛親者不敢惡於人敬親者不敢慢於人愛敬盡於事親然後德教加於百姓刑於四海蓋天子之孝也呂刑云一人有慶兆民賴之

諸侯章第三

子曰居上不驕高而不危制節謹度滿而不溢高而不危所以長守貴也滿而不溢所以長守富也富貴不離其身然後能保其社稷而和其民人蓋諸侯之孝也詩云戰戰兢兢如臨深淵如履薄氷

卿大夫章第四

子曰非先王之法服不敢服非先王之法言不敢言非先王之德行不敢行是故非法不言非道不行口無擇言身無擇行言滿天下亡口過行滿天下亡怨惡三者備矣然後能守其宗廟蓋卿大夫之孝也詩云夙夜匪懈以事一人

士章第五

子曰資於事父以事母其愛同資於事父以事君其敬同故母取其愛而君取其敬兼之者父也故以孝事君則忠以弟事長則順忠順不失以事其上然後能保其爵祿而守其祭祀蓋士之孝也詩云夙興夜寐毋忝爾所生

庶人章第六

子曰因天之時就地之利謹身節用以養父母此庶人之孝也

孝平章第七

子曰故自天子以下至於庶人孝亡終始而患不及者未之有也

三才章第八

曾子曰甚哉孝之大也子曰夫孝天之經也地之誼也民

之行也天地之經而民是則之則天之明因地之利以訓天下是以其教不肅而成其政不嚴而治先王見教之可以化民也是故先之以博愛而民莫遺其親陳之以德誼而民興行先之以敬讓而民不爭導之以禮樂而民和睦示之以好惡而民知禁詩云赫赫師尹民具爾瞻

孝治章第九

子曰昔者明王之以孝治天下也不敢遺小國之臣而況於公侯伯子男乎故得萬國之歡心以事其先王治國者不敢侮於鰥寡而況於士民乎故得百姓之歡心以事其先君治家者不敢失於臣妾之心而況於妻子乎故得人之歡心以事其親夫然故生則親安之祭則鬼享之是以天下和平災害不生禍亂不作故明王之以孝治天下也

如此詩云有覺德行四國順之

聖治章第十

曾子曰敢問聖人之德亡以加於孝乎子曰天地之性人爲貴人之行莫大於孝孝莫大於嚴父嚴父莫大於配天則周公其人也昔者周公郊祀后稷以配天宗祀文王於明堂以配上帝是以四海之內各以其職來助祭夫聖人之德又何以加於孝乎是故親生毓之以養父母日嚴聖人因嚴以教敬因親以教愛聖人之教不肅而成其政不嚴而治其所因者本也

父母生績章第十一

子曰父子之道天性也君臣之誼也父母生之績莫大焉君親臨之厚莫重焉

孝優劣章第十二

子曰不愛其親而愛他人者謂之悖德不敬其親而敬他人者謂之悖禮以訓則昬民亡則焉不宅於善而皆在於凶德雖得志君子弗從也君子則不然言思可道行思可樂德誼可尊作事可法容止可觀進退可度以臨其民是以其民畏而愛之則而象之故能成其德教而行其政令詩云淑人君子其儀不忒

紀孝行章第十三

子曰孝子之事親也居則致其敬養則致其樂疾則致其憂喪則致其哀祭則致其嚴五者備矣然後能事其親事親者居上不驕爲下不亂在醜不爭居上而驕則亡爲下而亂則刑在醜而爭則兵此三者不除雖日用三牲之養

繇爲不孝也

五刑章第十四

子曰五刑之屬三千而皋莫大於不孝要君者亡上非聖人者亡法非孝者亡親此大亂之道也

廣要道章第十五

子曰教民親愛莫善於孝教民禮順莫善於弟移風易俗莫善於樂安上治民莫善於禮禮者敬而巳矣故敬其父則子說敬其兄則弟說敬其君則臣說敬一人而千萬人說所敬者寡而說者衆此之謂要道也

廣至德章第十六

子曰君子之教以孝也非家至而日見之也教以孝所以敬天下之爲人父者也教以弟所以敬天下之爲人兄者

也教以臣所以敬天下之爲人君者也詩云愷悌君子民之父母非至德其孰能訓民如此其大者乎

應感章第十七

子曰昔者明王事父孝故事天明事母孝故事地察長幼順故上下治天地明察鬼神章矣故雖天子必有尊也言有父也必有先也言有兄也必有長也宗廟致敬不忘親也修身慎行恐辱先也宗廟致敬鬼神著矣孝弟之至通於神明光於四海亡所不曁詩云自西自東自南自北亡思不服

廣揚名章第十八

子曰君子事親孝故忠可移於君事兄弟故順可移於長居家理故治可移於官是以行成於內而名立於後世矣

閨門章第十九

子曰閨門之内具禮矣乎嚴親嚴兄妻子臣妾繇百姓徒役也

諫爭章第二十

曾子曰若夫慈愛龔敬安親揚名參聞命矣敢問子從父之命可謂孝乎子曰參是何言與是何言與言之不通邪昔者天子有爭臣七人雖亡道不失天下諸侯有爭臣五人雖亡道不失其國大夫有爭臣三人雖亡道不失其家士有爭友則身不離於令名父有爭子則身不陷於不誼故當不誼則子不可以不爭於父臣不可以不爭於君故當不誼則爭之從父之命又安得爲孝乎

事君章第二十一

子曰君子之事上也進思盡忠退思補過將順其美匡救其惡故上下能相親也詩云心乎愛矣遐不謂矣忠心臧之何日忘之

喪親章第二十二

子曰孝子之喪親也哭不依禮亡容言不文服美不安聞樂不樂食旨不甘此哀戚之情也三日而食教民亡以死傷生也毀不滅性此聖人之正也喪不過三年示民有終也爲之棺椁衣衾以舉之陳其簠簋而哀戚之哭泣擗踊哀以送之卜其宅兆而安措之爲之宗廟以鬼享之春秋祭祀以時思之生事愛敬死事哀戚生民之本盡矣死生之誼備矣孝子之事終矣

孝經　終

序

孝經之爲書有今文古文兩讀之說互競長短經籍學之異當謂孝爲政之本萬善之始也而其詳說終始在焉是此經篇旨莫如黃道周自論已然諸家之說亦各有得失而欲須經稱至不明名

特就經文以釋道其說為乃為順
其溫為積歲著古文孝經攝
注以見示且為余言之嗚呼要冤之
掃入數字攝經文以衍其義使讀
者一連通覽而未嘗自勝于文字
為圖以衍學者以三教五經以見之義
親思往數紀于經讓其舉未能之復

子曰彼學者甚用心著力之要蓋德
業是之蘊頗以學爲本文則之以
講武孫呉亦本於孝之由也蓋吾用
之精斜毅國之忠烟可謂和美折衷
皇國擬於神武特立於古今者度伯
文武兼言兵戒封建守禄而解文
武以之慶武是以文武之並行 樸齋書之

一

有兩轄之失車之害焉重主所謂遣
乃所以爲孝經致遠以利民々世是無他
取於下教上說々貌也其則下者勤以學
文勤以講述世乃爲上々所說孝序々
錄成經於以式事善爲異之々旅也今
後脩僅獲下大小諸書以證此重議
此義而生於中父兄弟仕君長文武無隱

吾先輩之學而博有徵義至于致遠
之業其專團勤奮如當年者致力
於職以爲上之所託也如是則庶幾
妙撰而精嚴庭之教而已實矣
國家書士之言其謂以補之集團也
題之端豈其有益也四年歲次庚寅
六月

紀伊書商井憲摺之

古文孝經攝字註序

孔門之學學先王之道而已矣先王之道則天地以治天下而已矣諸侯學之以治一國大夫學之以治一家士庶人學之以治一身自諸侯以至於庶人各盡其職以助一人之天子斯之謂孔門之學夫孝經孔門之學所傳其說本諸身徵諸庶民考

諸三王而不繆建諸天地而不悖質諸鬼神而無疑百世以俟聖人而不惑之書也然未見古人釋解之善故予忘固陋竊作攝字註以便童蒙云爾天保十年己亥十二月十二日

藤原隆都謹題

古文孝經攝字註凡例

一攝字註攝字即取論語攝大國之間之句開宗明義章攝字以愛爲至德以敬爲要道是皆推經文之表裏以知之也夫愛心之至極也敬行之樞要也愛即仁也敬即義也仁之外無至德義之外無要道此經一部以愛敬貫之孟子曰仁人之安宅也義人之正路也亦此意也而此經以孝總之論語以仁總之精粗本末於是相俱是亦不可不知

一教字古人多爲教學之事此註往往爲教化之事本于德教加於百姓之語也

一庶人章經文不引用詩今推孟子之意以知七月詩之爲允當聖德章亦經文不引用詩今推孔子之意以知雍詩

之爲允當士章經文故以故字恐愆文上曰愛敬兼下曰忠順不失互文以示其道之同是以知上下之文不相續而又相違應感章經文必有長也下無對句。今見禮記祭義有食三老五更之禮。故知脫言有老也四字如三才章將匡熟勵制謹廣要道章樂者和等之文字。亦皆是推經文之表裏以加之。夫天子章太極也。其中愛敬兩儀也。諸侯大夫士庶人章四象也。三才章八卦也。言乾君道以施惠坤臣道以將匡巽遜順以推讓賢能艮禁止以制謹節度離照明以教禮樂坎險阻以勵藝業兌辨說以陳德誼震發動以示賞罰也。或云配太極兩儀等說雖至高恐不免牽強附會是也。唯讀者默而見之不莫少味故暫存之

一

聖治章。古人未言爲聖德之誤今推此章之起句與結句以知其爲誤。且朱子嘗以此章爲有僭上之弊。雖然孔門

傳先王之道稱天子之德以爲兆民之法者不止於此章學者能效其心而不泥其跡何有僭上之弊乎。或云以已私意妄改經文鄙意深以爲非是也。故此書別揭本經於前以示其全文附攝字註於後以述愚意以下效之

一孝平章。終始兩字生績章道性兩字皆顛倒用之是爲作攝字不得止也紀孝章紀孝兩字亦同

一聖治章親生育之以下四十四字經文誤在聖人之德何以加孝乎之下今推文勢以知當入生績章厚莫重焉下

或以此註以以養養字爲屬上句爲誤解。愚按如以此養字爲屬下句而其子養父母之行日嚴之事則其子深志立勤行之後也恐似其立教也遲故予以此養字爲屬上句而父母臨養其子之威德日尊嚴而不可犯之事是子敬父母之心初發之時也恐其立教也當而此章亦父母生育之中自有君長臨養之理易曰家人有嚴君焉父母之謂也程子亦曰治家當有威嚴學者所宜致思也

一喪親章正也正字。今文作政不如據禮記三年問立中制

節句以作制字之穩當。

一此經分爲二十二章是後人所作爲也。故每章子曰二字多衍文而古人分章猶後人作註解。唯欲使其章旨判然耳。是以予作此註亦不去之。如孝平章子曰二字其爲衍文也明。

一予嘗案此經如欲分上下卷當以生績章爲下卷之首。今攝字註即分上下卷中庸亦然。如欲分上下卷當以哀公問爲下卷之首。而此經上卷自人事說出而說至於天理。下卷自天理說出說至於人事。與中庸分上下卷之意相表裏。選者似有意。予頃又見或有此經以聖治爲下卷之首及中庸以自誠明爲下卷之首者。然此經孝治要道之行義也。聖治至德之行義也。以此二章結首章之意。是爲上卷之末章無疑。中庸哀公問雖兼費隱包小大。然此章既爲天道人道之基本。故此章亦爲下卷之首無疑。

一如諸家之註釋皆先會得經文之旨而後下文字然如此註唯推其經文字句之表裏以加文字其間而後至於倒知經文之意也。故如其始加文字未有少意思加文字而後祕發明其經文所含蓄之意是所以與古人下註釋之例異也。

一予固無意於作此註其始唯為邑民欲和解庶人一章以與之而此經文字簡約不便和解故竊加數字經文之間以為和解之原本耳而又作前四章之攝字遂及全經是以此註本所為和解作而非諸家作傳註之比也。庶人一章之和解亦附後

一天子章攝字曰政正學問與忠孝言政正學問之精粗與忠孝之勤惰以勸懲之也。或曰政當作修愚按孔子曰政正也言正是非正善惡以勸懲

三

也。皆非修成之意。周禮曰，以鄉三物教以鄉八刑糾，是即政正學問與忠孝之事也。

一諸侯章攝字曰，恭謙己之知慮恭卑下也。謙謙退也。言知己之知慮之昏淺而卑下謙退之也。或云恭謙當作謙遜。愚按孔子曰恭己，是有慎己之威儀與慎己之心術之意，非唯謙遜而已之意。中庸曰戒懼慎獨，是慎己之心術之至也。禮記曰足容重，手容恭，目容端，口容止，聲容靜，頭容直，氣容肅，立容德，色容莊，是慎己之威儀之至也。

一事君章。忠心忠字及臧之臧字，依詩當作中作藏。

一或有難此序文其言不謙遜，且此註改錯簡易誤字加脫語者。予曰，古人禁妄改聖經易文字，宜也。然如唯安其誤而不知其非，解其粗而不見其精，恐不安。是以予述此註釋，不關古人之諸說，直向經文，精正其誤脫及錯簡，又揭其表裏所含蓄之文字，以示童蒙。雖然，如其拙劣，固不待辭。故於其序亦却不措謙辭而已矣。此經世攝古學者多貴之。近時如淺川鼎及薛田忠貞之類是也。而其爲魁首者、太宰純兼山世播等而其志亦何好予又信太宰定本之爲古書而用之雖然於其孔安國傳不服之又不依朱子之刊誤唯推其經文字句之表裏以作註釋雖其說似異然恐不多失朱子之本意見者請詳之

古文孝經卷之上

藤原隆都攝字註

孝善事父母之稱也衣食以安體知慮以樂心為士民承意從命以務斂戲與農桑能備天下之無虞能養父母之口體為君長繼志述事以習思辨與學問能達今之宜能守古之法謂之善事父母是古今不易之大經人倫日用之大綱也

開示孝之宗旨有本末明說孝之細誼有終始章

第一

仲尼閒居曾子侍坐子曰參先王堯舜有至德之慈愛要道之恭敬以訓道天下四海自諸侯以至於庶人皆則象之億兆之民用相和樂親睦上父兄君長下子弟臣屬無敢相怨爭女知之乎曾子辟席曰參不敏何足以知之乎子曰夫孝

古文孝經卷之上

人倫日用德行之根本而忠弟信慈及百行在其中也自天
子以至於大夫士教示萬民之所由之生成於國天下而百
姓之風俗變化自影響疾也復坐吾語女性情心知耳目鼻
口身體髮膚受之父母不敢欺罔毀傷汚辱孝之始也士民
務藝業而立身於當世君長知宜法而行道於天下揚明王
賢相忠臣孝子之名譽於後世以顯父母之德教於四海孝
之終也大學夫孝始於事親而安體樂心妻子好合兄弟既翕和
樂且耽宜爾室家樂爾妻帑師說其篤志友信其固執中於
事君而盡忠補過將美匡惡敬事後食堪重極遠熟射御達
軍旅順長重列推賢讓能窮理發憲誓古詢老明經傳察政
令終於立身而天子有四海諸侯保社稷大夫保祿位士保
爵祿庶人有田宅小學大雅云亡念懷爾父母先祖之恩惠德澤

高大深厚而受身保祿然則能繼續其忠孝之志緒能肅脩其忠孝之德行可以反報其恩德萬分之一

天子章第二

子曰親愛親之身者不敢疏惡於天下衆人之身嚴命令農桑與斂戕以養老恤孤積倉以禦旱潦干戈以備防伐重敬親之心者不敢慢輕於天下衆人之心急政正學問與忠孝以尊賢道愚明遠以備昏淺和中以禦邪僻親愛重敬盡於奉事親衣食以安其體知慮以樂其心安體及於萬民樂心周於天下不敢廢棄困窮不敢蔽蓋側陋而後德行教化加施於百姓儀刑於四海諸侯恭儉而能繼志承意大夫守恕而能守分陳道士忠順而能達文熟武庶人和睦而能耕田蠶桑以全忠孝以感動夷狄蓋天子之孝也呂刑曰天子一

人有善福慶自諸侯以至於庶人億兆之民賴蒙之恩惠德
澤而各得立身於當世行道於天下

諸侯章第三

子曰居上位不驕非恭謙己之知愚以舉賢崇貴貴之禮重
尊賢之誼位高而不危也受大祿不奢貪儉約己之衣食以
讓財制財用之節謹奉養之度祿滿而不溢也位高而不危
所以長守貴也祿滿而不溢所以長守富也富貴不離其身
然後能保護其社稷以安父母而和睦其民人以樂父母蓋
諸侯之孝也詩云戰々畏高兢々敬滿恐懼危如臨深淵戒
愼溢如踐薄冰

卿大夫章第四

子曰非先王之法服不敢服衣裳宮室不敢踰分必執中非

先王之法言不敢言言語辭命不敢倍道必得正非先王之德行不敢行踐行作事不敢壞德必止善是故非古之法不言非古之道不行曰亡擇去之言辭身亡擇去之行事言辭滿天下亡口過失之理禮且宜也行事滿天下亡身有怨惡之人仁且恕也三者全備矣然後能保有其祿位以安父母而守護其宗廟以樂父母蓋卿大夫之孝也詩云夙進公朝而盡忠以先王之道夜退私室而補過以先王之德將順以大濟一人之志匡救以容辨萬民之惑苦心思勞筋骨造次顛沛匪懈怠以奉事一人之天子

士章第五

子曰資來於事父以事母其慈愛與父同資來於事父以事君其恭敬與父同故母取用其慈愛以養其體君取用其恭

敬以尊其心而所兼有之以事者父也忠愛也順敬也故以孝事君則忠修委身以奉公執事以克私見危授死善道陳善閉邪責難戒易習叙戦而極妙學戦陣而通神之職謂之忠所謂愛君上之身也以弟事長則順講尽心以取人聞理以絶我方物出謀辨惑崇德推賢讓能尊齒親仁誦經傳而研精為政令而致容之學謂之順所謂敬長老之心也忠順之道德不失墜以奉事其君上一人立使萬乘之君有堯舜之德使四海之民蒙堯舜之澤之功然後能保有其爵祿以安父母而守護其祭祀以樂父母蓋士之孝也詩云夙興而游武夜寐而學文亡職忝爾所生出之父母先祖

庶人章第六

子曰因緣天之四時春耕夏耘秋穫冬蓄就即地之四利播

種植苗樂秀且實凡稼圃蠶麻織組不惰謹身之言行而為
下不亂在醜不爭節財之愛用而勤儉讓禁奢貪以養父母
則衣食有餘以事父母則內外和睦此庶人之孝也
詩云晝爾于野刈茅宵爾居室索綯亟其乘屋而治之以禦
風雨來歲其始播百穀而樹藝之以勤勞田圃

示不力孝之德行之罪上下俱平均而其患難不

可逃章第七

子曰故自天子以下至於庶人孝之德行亡其始慎身節用
以養父母之體其終理家擧賢以尊父母之心之辛苦勤勞
而貧窮死亡之患難不及其身者未之有也

說天地人之三才俱皆合孝之理章第八

曾子曰甚哉孝之德行其廣大而上自天子以下至於庶人

凡萬善皆不出于此孝之德行中也子曰夫孝天之經照潤之仁也地之緯孕乳之誼也民之行愛敬之禮也天地之經緯而民是則象之也聖人則天之明臨養之德而象之以愛父母而能安其體因地之利生育萬物之道而循之以敬父母而能樂其心以訓道天下萬民是以其教誨之責尤不肅而

其風俗變化大成就於國其政正之刑罰不嚴而其暴亂理治速施行於天下先王堯舜見知德行禮教之可以變化民之風俗也是故先務之民以博惠愛衆之德行而民莫遺忘其親戚先務之民以將美悪悪之德行而民不輕後其君長使令之民以熟藝勸業之勤勞而民逸防敵足養體陳說之民以德行道誼之告喻而民興起而勸力行先務之民以制節謹度之德行而民不放衣食之費先務之民以敬衆博讓

之德行而民不爭爵祿功利教道之民以典禮雅樂之文章而民和樂親睦君安於上民治於下善風移惡俗易於示之民以好善惡惡之賞罰而民知覺禁止惡勸進善詩云赫々如日皎々如月太師尹氏萬民倶瞻望爾之德行以為天下之法則為人君長者豈可不戒慎恐懼乎

孝治章第九

子曰昔者明王堯舜之以孝之道誼理治天下之災殃暴亂也不敢遺忘小國之臣之卑賤以佑其俊賢而況於公侯伯子男之貴而有才德乎故得萬國之歡心以事其先王理治國之暴亂者不敢侮輕於鰥寡孤獨之細微以濕其志而況於士民之巨顯而有知慮乎故得百姓之歡心以事其先君理治家之暴亂者不敢失墜於臣僕妾婢之心以達其情而

況於妻子之親而孝貞乎故得家人之歡心以事其親夫然故生則親安之居處祭則鬼享之酒食是以天下之氣和樂心平淡水火疾病之災害不生飢饉盜賊之禍亂不作故明王堯舜之以孝之道誼理治天下之災殃暴亂也如此其至矣其盡矣詩云有明覺之德行善事四國順從其命令而親戴之如父母

聖德章第十

曾子曰敢問聖人堯舜之德教亡以加益於孝之上乎子曰天地之性元亨利貞而於其生万物之中唯人最爲貴言人皆具至善之性仁誼禮智信聖人凡人共一理而於萬物之中其心最靈明也而其人之德行天下莫廣大於孝者莫廣大於尊嚴父尊嚴父莫廣大於配偶天帝則周公其人也昔

者周公郊祀后稷以配偶昊天宗祀文王於明堂以配偶上帝是以四海之内自公侯以至於伯子男各以其職來助其天子之祭祀夫聖人尭舜之德教又何以加益孝之上乎詩云有來和雍々至止敬肅々以薦相其祭祀惟百辟公天子穆々無声無臭之識通於神明光於四海亡所不曁

古文孝經卷之上　畢

古文孝經卷之下

藤原全都攝字註

父母生績章第十一

子曰父子之親天性自然之道也君臣之嚴人情當然之誼也乾父始坤母成生育之子績功之高天下莫廣大焉君父嚴長母親臨養之子恩德之厚天下莫貴重焉是故君父長母和親作育之子以臨養乾父坤母之威德日尊嚴聖人因緣其良父母之尊嚴之人情以教道恭敬父母之道誼因緣其慕父母之和親之天性以教道慈愛父母之德行聖人之教誨不肅而其變化成就於家其政正不嚴而其暴亂理治於國其所因緣者人民根本之性情也

辨孝不孝之優劣章第十二

子曰不慈愛其親而慈愛他人讓與之衣食使親飢寒者謂之悖德行不恭敬其親而恭敬他人舉先之知慮使親憂怒者謂之悖禮教以訓道則其教示之道德昏亂而民旣亡所可則象焉夫如此其言行不止宅於至善而皆在於凶惡之道德雖得志而受富貴君子弗敢從由此昏亂之道德也君子則不然言思可道之誼理行思可樂之德教德行道誼可尊親制作事業可法效容貌動止可觀感進揖退揚可節度以臨養其民是以其民畏其道誼而愛之則其德行而象之故能成就其德教於國家布行其政令於天下詩云有淑德之仁人君子其威儀行儀不差忒於道德可以為天下之法則可以為四海之規矩

揭孝之德行有五綱紀章第十三

子曰孝子之奉事親而盡心用情委身竭力也居處則致其尊敬而樂其心生養則致其和樂而安其體疾病則致其憂苦而擇其藥死喪則致其哀戚而慎其葬祭祀則致其嚴肅而追其遠五者全備矣然後能奉事其親奉事親者居上位不驕已之才能而拒聖賢之言謀為人下不犯亂法度制禁在醜夷之中不競爭勝負利害居上位而驕自已之才能而拒聖賢之言謀則亡國家為人下而犯亂法度制禁則刑戮在醜夷之中而競爭勝負利害則兵刃此三者不除去雖日用三牲之養由為不孝也

五刑章第十四

子曰五刑墨劓剕宮大辟之屬其科三千條而辠莫大於不孝而悖意逆命絶志廢事而驕拒奢貪不察父母之飢寒不

省父母之憂怒要君之命令而放已之欲者亡上之尊位非聖人之遺訓而專己之知者亡先王之法則非孝之大德而歎己之行者亡先祖父母之親此大暴亂人倫之道也

廣解樞要之道誼章第十五

子曰教道萬民親愛君上之道誼之樞要莫善於孝親而溫和其氣象之道誼教道萬民禮順長老之道誼之樞要莫善於弟兄而尊敬其心思之道誼移化和平之善風變易非貪之悪俗之樞要莫善於雅樂之和平而不淫安逸上君長父兄理治下子弟臣民之樞要莫善於典禮之中庸而不倚雅樂者溫和其氣象典禮者尊敬其心思而已矣故溫和尊敬其父之氣象心思則天下之為人子者說好其道誼而因循之溫和尊敬其兄之氣象心思則天下之為人弟者說好其

道誼而因循之温和尊敬其君之氣象心思則天下之爲人臣者說好其道誼而因循之温和尊敬一人之氣象心思而千萬人說好其道誼所温和尊敬其氣象心思者寡而說好其道義而因循之者衆此之謂樞要之道誼也

廣解至極之德教章第十六

子曰君子之教示以孝親之德行也非家至戶往而日臨見之子弟臣也父事三老而教示以孝親之德行以厚其奉養則天下億兆之爲人子者觀感興起而自則象之以事父孝是所謂當己自所以愛敬天下億兆之爲人父者而嚴養之也兄事五更教示以弟兄之德行以厚其恩賜則天下億兆之爲人弟者觀感興起而自則象之事兄弟是所謂當己自所以愛敬天下億兆之爲人兄者而嚴養之也君事皇尸教示

以忠君之德行以厚其享獻則天下億兆之爲人臣者觀感
興起而自則象之以事君忠是所謂當己自所以愛敬天下
億兆之爲人君者而嚴養之也詩云愷其氣和樂悌其心平
淡而不拒不貪之君子民之父母非至極之德教其孰能訓
道人民如此其廣大者乎

示說孝之德行道理天地鬼神之應感章著章

第十七

子曰昔者明王堯舜事父孝能繼其志述其事以樂之故事
天明恭謙舉先以正其黜陟好問以能容權宜以周庸以博
聽澂衆事母孝能承其意從其命以安之故事地祭儉約讓
與以直其取舍量入以爲出應分以周惠以博施濟衆長幼
順能親親敬兄貴貴尊老以不失其序上君父兄長安逸下

子弟臣民理治天之心地之行明察則鬼神之感應章明天下和平災害不生禍亂不作矣故雖天子之位至貴必有所尊者也言有諸父而下之也必有所先者也言有庶兄而後之也必有所長者也言有耆老而學之也宗廟之祭祀致尊敬不遺忘先祖父母之親愛也脩身之德教慎言行之過失恐懼汚辱先祖父母之功德也宗廟之祭祀致尊敬先祖鬼神之感應著見而子孫榮邦家豐矣孝弟之至德感通於天地鬼神幽明其至澤光被於天下四海萬民安土樂生歌舞鼓腹其至化亡所不暨詩云自東自西自南自北亡億兆之心思不信服

廣揚名於後世章第十八

子曰君子居室家事親孝故在朝廷忠可移於君上居室家

事兄弟故在朝庭順可移於長老居室家理妻子故在朝廷治可移於官屬是以孝弟之德行教示成就於内室家而仁誼之政正命令布行於外朝廷忠臣良相之令名成立於天下後世矣

閨門章第十九

子曰閨門之内具備禮教矣乎尊嚴親尊嚴兄妻子臣妾之奉事父兄夫主由百姓徒役之奉事官長也

諫爭章第二十

曾子曰若夫慈愛龔敬安親之體樂親之心揚令名於後世參既聞得師命之至教矣敢問子順從父之命令而不敢違逆可謂孝乎子曰參是何言與是何言與其言辭之固陋而不通達道誼如斯邪昔者天子有諫爭者貪驕拒之良臣七

人雖亡道而暴虐淫溺不失其天下四海之至富至貴及億兆之民諸侯有諫爭悖意絶志之忠臣五人雖亡道而慢賢奪財不失其國之社稷民人大夫有諫爭踰分倍道之家臣三人雖亡道而僭上陵下不失其家之祿位宗廟士有諫爭廢文惰武之良友則身不離去於忠孝之令名父有諫爭幾農桑之孝子身不陷於爭亂之不誼故當不誼亡道則子弟臣妾不可以不諫爭於父兄君長故當不誼亡道則諫爭之順從父之命令而不敢違逆又安得爲孝乎

事君章第二十一

子曰君子之奉事上君王也進思盡忠誠於天下以顯一人之德退思補過失於朝廷以除百姓之侮將順其恭儉之美而及其下人之恩惠於四海匡救其驕奢之惡而緩其萬民

之困窮於天下上孫順官長中重敬同列下慈恤官屬推尊
才德之賢而勸之君上讓任技藝之能而告之君上故上君
長下臣屬能相親睦相和樂也詩云心乎愛君誠矣遐不謂
陳德善之理防閑邪惡之心矣中心含藏之愛君之誠何日遺
忘之陳以道

喪親章第二十二

子曰孝子之喪親也號哭不依禮儀容言辭不文服美服不安聞雅樂
不樂食旨不甘此哀戚之至情也三日而食先王之禮節教
示民亡以死傷生也毀瘠不至於滅性此聖人所立之中制也喪不過
三年先王之禮節教示民有終也爲之棺椁衣衾以舉之陳
其簠簋而哀戚之哭泣擗踊悲哀以送之卜其宅兆而安措之
爲之宗廟以事鬼神之道享獻之春秋祭祀以核時思慕之生事盡愛重敬

禮死事致哀戚尊嚴之誠生民德行之根本至盡矣奉事死生之大誼全備矣

孝子一世之事業悉終矣

古文孝經卷之下畢

孝經圖序

夫仁也者孔門之真傳而朱子詳之吾山崎闇齋揭其圖與說門人講究之甚審也其言曰從不忍之心而發愛親敬兄好善惡惡之不可息者猶身之寒熱疾痛不可忍也是即與所謂杏仁桃仁之喻同一理而指無一毫之所不貫通者其仁之滋味親切之意思於是可體認也雖然如知其根本之名義實體而不知其枝葉花實之名義實用恐無今日下手之處是以予嘗

作此孝經圖以示童蒙固陋之作雖非比類然能與其仁說圖共熟復以翫味孔曾思孟之書庶幾有得孔門真傳之實體實用云爾

弘化四年丁未正月

藤原隆都序

孝經圖

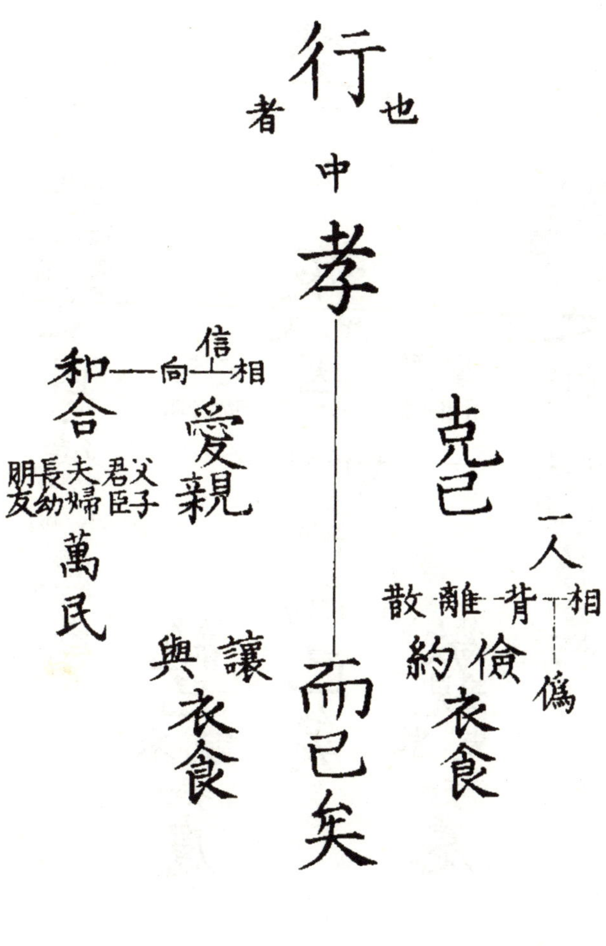

孝經圖　一　兆同書完藏

知生育臨養之恩德高大感興絕已恭謙知慮

學也者宜報天地恩先祖父母君長聖神子孫臣民講而已矣敬親舉先知慮

勉繼承安樂之報禮卑近敦篤

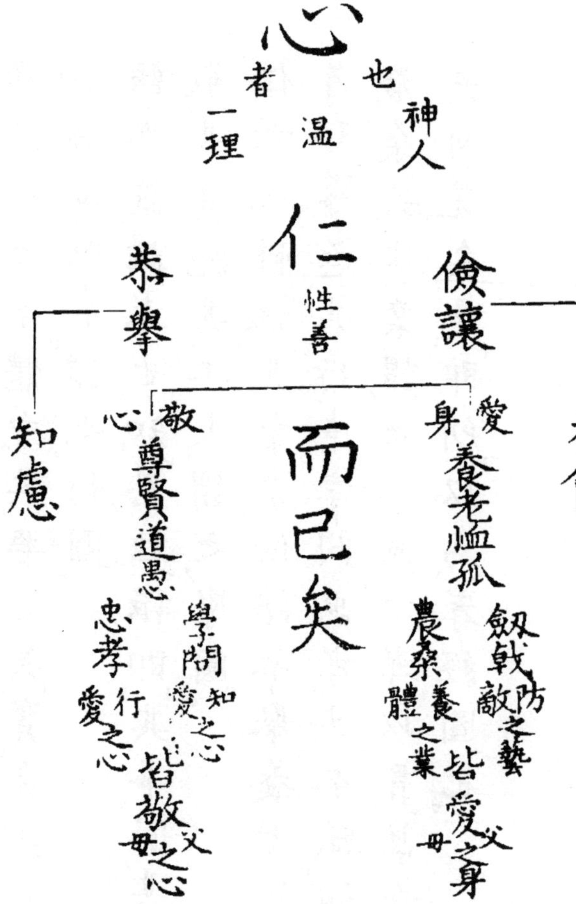
心
神人也
温
者一理
仁
性善
儉讓
恭舉
衣食
愛身
敬心
知慮
而已矣
養老恤孤
尊賢道愚
斂戟防敵之藝
農桑養體之業
學問知愛之心
忠孝行愛之心
皆愛父母之身
皆敬父母之心

兆司書院刻

孝此經之本體。中其要。愛其實。克其工夫。和合其効驗。謂之行圖。報恩講講孝也。知恩勉報即其事。宜其要。敬其實。絶其工夫。謂之學圖。仁孝之性。温其氣象。儉讓恭舉養老恤孤尊賢導愚其行事。學問忠孝其本職。斂戟農桑其末業。謂之心圖。一孝以貫萬善於是可見矣。是即所以爲孝經圖也。

孝經圖口義

藤原隆都述

夫圖也者古人亦有大極圖及仁說圖等之作其制即經傳中而揭其要以示初學之趣向而已矣故其圖是經傳中所固有非以私意制之也是以如一字以私意置之則失其經傳之旨誤後學之罪豈輕乎。古人之圖固非後學之所可議唯如此孝經圖實淺見固陋不能發揮本經之旨趣是以非敢為至當暫存家塾以助子弟之講習而已矣。且此圖揭其本經之要又略示其有表裏精粗本末是所以書其文字於左右中也故右表則左必裏也左表則右必裏也中本則左右即末也中粗則左右即精也而其物有表裏之說是即孔夫子之敎也子曰舉一隅不以三隅反之則不復凡物有四隅師舉其一隅之理以告之則弟子亦可以其三隅反證之於其一隅之理以知其三隅之理不然則師亦不復告其餘也是夫子所示物有表裏之理也是以子貢既知之曰回也聞一以知十賜也聞一以知二是所謂顏子明睿所照即始而見終聞一則知其裏九子貢聞一則漸知其裏一是也是其知既有優劣是以其所知覺亦自有遲速也故曰知凡物之理有表裏是即夫子之敎也

行也者孝而已矣。

言百行萬善皆歸孝之一字也。夫仁與孝其所指相表裏而其理即一也。程子說仁曰偏言則一事專言則兼四者。仁者愛之理。義者宜之理。禮者敬之理。智者知之理。是偏言也。心之德兼合仁義禮智之理而謂之仁。是專言也。予亦說孝曰偏言則一事。專言則兼數者。夫善事君謂之忠。善事父母謂之孝。是偏言也。忠君孝也。弟兄孝也。信朋友孝也。仁民孝也。百行萬善皆孝也。故不忠不孝也。不弟不孝也。不慈不孝也。是專言也。曾子曰居處不莊非孝也。戰陣無勇非孝也。是言終身之行事皆關孝不孝。是亦專言也。夫本經。固主專言之孝。故曰孝至德要道也。而又論其細義曰。身體髮膚受之父母。不敢毀傷。孝之始也。立身行道。揚名於後世。以顯父母孝之終也。夫孝始於事親。中於事君。終於立身。是其終身所行之善事。皆是之爲孝。又自天子章以至於庶人章。各以盡其職爲孝。故如諸侯章曰。居上而不驕。制節謹度。是治國之仁也。如卿大夫章引詩曰。夙夜不懈。以事一人。是事君之忠也。而皆是之爲孝。是可見本經主專言之孝。

克己愛親 克去私行克去私心之實而力行之要也

是致知之至極也。夫克去己身之視聽言動之

私行以事親則足以親愛親之身而使之飽煖安逸也。足親愛親之身而使之飽煖安逸則又足以親愛萬民之身而使之飽煖安逸也故曰一日克己其行復其人事當然之禮則天下之人皆歸服其仁之厚謂之至德所謂脩己安民之事而

父子君臣夫婦長幼朋友萬民

至於皆

相信向和合（是大學明明德新民止於至善之功業也）也論語曰為政以德譬如北辰居其所衆星共之是也禹曰惠迪吉從逆凶是影響如夫不能克己

一人

之私行而奢貪則父子君臣夫婦長幼朋友萬民至於皆

相僞背離散

也信僞向背之字其理亦妙哉夫信所謂交言而不背其誓約也然如其父子君臣夫婦長幼朋友五倫之道是天性自然人所固有而不待交言而誓約也是以爲父子爲君臣爲夫婦不待交言而誓約固是子當孝父母臣當忠君弟當弟兄婦當貞夫幼當順長君當仁民是天性自然之誓約也然如背其誓約而不孝不忠不弟不貞不順不仁是無異於僞而誓約也僞則

背也。背則僞也。信亦然。信則向也。向則信也。是此行圖所以決孝不孝於此。信僞向背之四字也。學者夫可不顧戒乎。夫聖人尚一言不以能悉揭其表裏。況於凡人乎。故此全圖每一圖雖略示其表裏然。有所未能悉揭焉。是以學者如即此每圖而有知其所未揭之表裏幸甚。

儉約衣食

儉約己之衣食之有餘也。

讓與衣食

讓與於人之衣食之不足也。是於克去己身之私之事先所易見易知而其去私之事雖不止於是然其去私之理。恐不出于此外也。而此儉約之裏有奢侈之理。讓與之裏有貪奪之理。而此行圖不能悉揭之。且此全圖揭其至善而不能揭其至惡故此全圖。所不揭即易所謂亢龍有悔者也。而本經五章亦可比之易乾卦天子章是九五飛龍在天之象也。諸侯章九三終日乾乾之象也。卿大夫章九二見龍在田之象也。士章九四或躍之象也。庶人章初九潛龍之象也。是此全圖所揭之至善也。孝平章是亢龍有悔之意也。是此全圖所不揭之至惡而此全圖之裏皆含此意。夫雖庶人然怠分棄職則又既有亢龍之悔况於士大夫以上乎且此行圖雖不具揭自天子以至於庶人各當其分其職之文字。然其克已儉讓衣食中既含蓄其能守分盡職之事。故此克復也者。即至善之實行。而其所以守分盡職以執中之事也。是以知此中字。是爲此行圖之要。且此行圖先揭此數字。而後又別揭此中字於其中央以示其要學圖之宜字。心圖之温字亦然。即是此三字。各所以爲其圖之要也。

中

中庸至善之德教也。言其心行無長短輕重之過不及。而守分盡職也。然如其心行有長短輕重之過不及。而忘分廢職。則衆背親離。以至於家敗國亂。有國家者。豈可不戒懼乎。堯曰咨爾舜。天之曆數在爾躬。允執其中。四海困窮。天祿永終是論執中與否之效驗也。夫桀紂暴逆無道。忘分廢職。倉廩實府庫充極。酒池肉林之奢。放臺榭妃嬙之欲。是以四海困窮。天祿永終。是不執其中之禍也。堯舜有天下也。而不與焉。朱子註之曰。不與猶言不相關也。言無爲至貴至富。所與關而心動。淫飲食聲色之欲。溺宮室園池之樂。而守分盡職。以安天下也。是以天祿永有宗廟饗之子孫保之。是執其中之福也。雖匹夫匹婦尚然。忘分廢職。則不能養其父母妻子。守分盡職。則足以養父母妻子及萬民也。守分盡職之功其大哉。是以知自天子以至於庶人各守其分。盡其職。則其守盡之勞。悉皆當其所以反報所嘗受之恩德也。然則其行不待殊更事儉讓衣食之事而其儉讓衣食之理。自在于守分盡職以執其中中也。是此中字是所以爲此行圖之眼目也。而其數字爲一字之工夫。一字爲數字之綱領。是以揭此中之一字則餘之文字不書亦可也雖然如書此中之一字而不示其工夫之數字則恐初學者不能知其所以得中之方。是以先揭得其中之工夫數字以作此行圖學圖心圖亦然。各揭得其要之工夫數字以示蒙士且此行圖。是人世日用之事而百行萬善之理悉備焉又何可待學圖之功乎然或其性質雖美然未學則不能悉知覺其表裏之理。況如吾輩凡庸昏淺者、非父兄師友之教訓、則不能應日用之務。是以君臣父子兄弟自相訓戒、夫婦長幼朋友自相討論、以至於漸應日用事物之變也。是此學圖之理、亦人世日用之間所以不可闕、而孔夫子亦既有學而不思則罔、思而不學則殆之戒。是以又作學圖如左。

學也者、報恩講而已矣。

言萬學億問、皆歸報恩講之一事也。報、反報也。恩、恩德也。講、講究講明之意也。報恩講、報恩之講也。論語曰、學之不講。是此學圖所以揭此講字也。夫父子兄弟朋友相究明、兼盡性命之理、相討論日用内外之事、以為正心脩身處事接物之基本。謂之報恩講。所謂學問思辨以能達其受恩之理及報恩之方也。而講字本虛字。故揭報恩二字以實之。如夫行圖之孝字心圖之仁字。固至善。不待加餘之文字也。而如此講字。唯是不擇是非。不論善惡。而凡究明討論皆是可謂之講。故如夫盜跖欲奪財寶以集群盜以討論其利害亦是講也。是以此學圖此講字上不可不置善字也。是故先揭此報恩二字以置之于此講字上。如孝字人皆知爲善事父母之事。而或不知其善事父母之事。是即爲其所以反報恩德之理也。仁字亦然人皆知愛人爲仁之理而或不知其愛人之理。却著於其反報恩德之事也。於斯此報恩二字置之于此講字上則足以畧見其孝之事是爲所以反報恩德之理。仁之理亦是著於反報恩德之事也。而恩字上下左右置

天地聖神先祖父母君長子孫臣民

等之文字是欲使其初學者知其所受恩在上下左右及其所報恩亦在上下左右也。

知生育臨養之恩德高大感興勉繼承安樂之報

禮畀小敦篤是小學立教明倫敬身之基源也

生育言父母孕我乳我以生性情心知以育口腹身體內天理之性命存外氣質之形體全也。是以既有動靜語默感應與取之情行。而又存

養省察絶克和中之道德具也。夫人受天地五行之秀氣以生。是以父母固五行之秀氣也。以其秀氣之身生此秀氣之身。父母生育我。是即所以天地之生育我也。所謂父母爲小天地。天地爲大父母是也。橫渠先生既作西銘以具說此理。臨臨御也。如日之照臨父朝夕喜子之善怒子之惡以勸善懲惡是下之所以好善惡惡以能進達也。謂之敎養。畜養也。如月之潤養母日夜省子之凍察子之餒以煖衣飽食。是子之所以不餒不凍以能成長也。謂之富。然君長亦有臨養之恩也。書云臨兆民。是言天子臨兆民以賞善罰惡以治天下授爵祿與田宅以養士民也。論語曰厥

矣哉。冉有曰。既庶矣。又何加焉。曰。富之。曰。既富
矣。又何加焉。曰。教之。而其富字。當養字。教字。當
臨字。庶字亦當天地生育衆民之事也。是以知
聖經表裏一徹。皆如斯也。夫既知所受於天地
父母君長之恩。則其餘推類可知也。恩德高大
所謂父母生之。續莫大焉。君親臨之。厚莫重焉
是也。夫人於所受於上之恩。皆能知之。唯於所
受於下之恩。或不留意也。夫子孫我固養之然
身老。子孫扶持以養我。是所受於子孫之恩也。
臣僕亦然。我固與爵祿。然臣僕各勤勞其職事。
故一國得爲一國之主。一家得爲一家之主也。
如臣僕怠其職事而不勤。則一國不能爲一國。

之主一家不能爲一家之主也是所受於臣僕之恩也。自農工商賈以至於樵漁技藝之輩亦然。皆各盡其職以養天下之人一也。如夫農夫嘗勤勞耕蠶以作衣食貢稅既足而又以餘粟餘布交易之於貨財是以自以爲能得利而不知其餘澤及於天下以養萬人也。是所受於農民之恩也。繼承繼志承意也安樂安身樂心也言繼其父喜善怒惡之志以遷善改過以使其父母之心歡喜悅樂承其母省凍察餒之意以奉衣共食以使其父母之身飽煖安逸也夫既知覺父母生育臨養之恩德高大而感興其慈愛思慕之心勉強繼承安樂之報禮卑小而敦篤其恭敬奉持之行。詩云。欲報之德昊天罔極是也。然又反報其天地君長及子孫臣民之恩德之典禮亦在于此中。禮古豊字也。玉篇曰力弟切。行禮之器。後人以疑豐字也。豐芳馮切大也。大有年也。故加示。所謂行禮之器。即簠簋籩豆之類也。然則古祭先祖或祭所造飲食之人皆用此器。故謂之禮。是報恩之事也。是以其餘如贈答往來。亦以皆爲報恩之意。謂之禮。是借來而名也。夫祭祀用簠簋籩豆。是報恩之事。而百行萬善亦皆是報恩之事也。故百行萬善亦謂之禮。不亦宜乎。三才章夫孝天之經也語與左傳夫禮天之經也語相表裏。猶仁與孝相表裏。而共理一致也

絕已敬親慾貪邪情。絕貪邪遺之嬉而黜知之基也

是力行之發端也。夫舍絕己心之意必固我之邪情以事親則足以重敬親之心而使之歡喜悅樂也。足重敬親之心而使之歡喜悅樂則又足以重敬萬民之心。而使之歡喜悅樂也。是以一日絕己其心復其天理自然之仁則天下之人皆歸服其智之明謂之要道所謂知己知人之事而父子君臣夫婦長幼朋友萬民至於皆相信向和合也。孟子稱舜曰善與人同舍己從人樂取諸人以爲善夫如斯人豈不樂告以善道乎孝治章曰治家者不敢失臣妾之心況於妻子乎故得人之歡心以事其親如不能舍己一人之邪情而驕拒則父子君臣夫婦長幼朋友萬民至於皆相僞背離散也信僞向背之理。雖與行圖同然唯不揭文字而已矣。已身之私行之病也。已心之邪情之病也。詩云思無邪是絕情之病之事也。禮記曰奉三無私是克行之病之事也。孟子曰。自暴者拒之而不信自棄者絕之而不爲。自暴心之邪也。自棄身之私也。朱子曰語之而不違拒之而不受猶之可也。其喩焉則尚庶幾其能改繹矣。從且說矣。而不改繹焉則終不改繹也已。雖聖人其如之何哉。然學者可先舍自暴之病而後及於去自棄之病也。是致知力行之順序也。子曰。文武之政布在方策春秋其人存則其政擧其人亡則其政息。孟子曰堯以不得舜爲己憂舜以不得禹皋陶爲己憂堯曰臣作朕股肱耳目予欲左右有民汝翼予欲宜力四方汝爲皋陶曰都在知人在安民是聖人恭舉知慮儉讓衣食之極致也孟子曰恭者不侮人儉者不奪人是以知此恭儉二字是即爲古人盡愛敬之工夫也。

恭謙知慮

知己之知慮之昏淺而恭謙之也。

舉先知慮。

知人之知慮之明遠而舉先之也。是於舍絕己心之邪之事先所易見易知而其舍邪之事雖不止於是然其舍邪之理恐不出于此外也而此恭謙二字經傳中多爲卑下己身之事也而此學圖借來而爲卑下己心而抑退其昏淺之知慮之事書所謂克黜乃心是也請見者不以辭害意而可也且此學圖亦恭謙之裏有驕侮之理舉先之裏有拒禦之理學者知聖經賢傳皆有此表裏精粗之理則思過半曾子曰爲人謀而不忠乎與朋友交言而不信乎子曰道不同不相爲謀又曰信近於義則言可履是欲其言謀合於道義也

宜

道義也指言謀之宜與處置之宜也言君臣父子兄弟朋友相講究討論以用其所爲宜之言

謀則其處置亦宜也。謂之言謀處置皆合於道
義。所謂以時措之而得其宜也。是以知此宜字
是爲此學圖之要也。子貢評叔孫武叔之言曰
夫子之云不亦宜乎。孟子亦謂樂正子曰我出
此言也不亦宜乎。是言其所討論得其宜也。詩
云宜兄宜弟。是亦言用其所討論之宜以得其
處置亦宜也。論語曰貧而樂人不知而不慍是
思無邪之事而絕己之功也。謂之心之和所謂
復仁也。富而好禮有天下也而不與焉是奉三
無私之事而克己之功也。謂之行之中所謂復
禮也。貧而諂貪利之事而屬私富而驕拒諫之
事而屬邪。孟子曰賢者而後樂之有天下也而

不與焉也。不賢者雖有之然不樂與民不同樂也。子曰君子固窮人不知而不慍也。小人窮斯濫矣。不知命也。孟子又曰善政得民之財制産而使足之事也。善教得民之心忠告而善道之事也。夫如斯聖賢之言多端而其要歸絶[懲忿之類也]克[塞慾類也]之二字。以上學行兩圖。先王之道德全備焉。無復餘蘊焉。而此學圖與行圖其實是愛與敬之圖也。夫敬而從人之教學也。愛而救人之窮行也。而其愛仁之發也。敬義之發也。學與行之二理。固存在于人性中也。是以又作心圖如左。[夫人性中如無此二理何以得學知勉行以至於君子乎。故人學則知得。勉則行得。是所以人性中固有此二理也。謂之性善。子曰學而時習之不亦說乎。是言人性本善。知]

行之理固具焉。是以學問思辨不怠則日就月進其習熟不可測。欲罷不能既竭其才以至於手舞足蹈也。是依固有此性善之理而其歡喜悅樂之心自發出也。故朱子註之曰人性皆善而覺有先後後覺者必效先覺之所爲而明善可以復其初。是真能知夫子之意以下註釋者也。而其夫子不亦說乎之言既發明人皆固有其性善之理曰如何曰如欲使禽獸學習敎戰及農桑等之事然不能豈有其心歡喜悅樂以至於手舞足蹈乎是其性異也唯人受五行之秀具五常之真以生是以其心最靈明也故闡善則知之效善則能之是以使之學習則所以歡喜悅樂以至於手舞足蹈也。

心也者仁而已矣。

心指愛與敬言。千愛百敬皆歸仁之一性也。故學圖與行圖之二理皆存在于此心圖中也。而此心圖仁字。即指專言之仁。所謂心之德也。且其專言之仁。又指其至善之實體。夫如斯人皆莫不有其至善之性是以向親則自愛向親則自敬謂之至善之實用聖人立教必本于此故能教成政治生績章曰親生育之子以臨養父母之威德日嚴聖人因嚴以教敬因親以教愛聖人之教不肅而成其政不嚴而治其所因之者人民根本之性情也如夫伏犧神農黃帝仰觀象於天伏觀法於地是即則天之明因地之利之事而其明在天日月而水火也在人親愛之仁而至德也其利在地禾刀而木金也在人重敬之義而要道也易所謂在天成水火之象在地成木金之形是也然則受吾生於天成吾形於地於是可見也是以知以已之性既與天

地之理相合行己之愛敬亦當學天地之生育臨養也。是即前聖造業垂統之根源而後聖亦所以能繼志述事尊德樂道設成庠序學校以教導人民制田里教樹蓄以富安人民之基礎也。是以知古先王之道德也者。是即天子學天地之生育臨養之事而當時諸侯大夫士庶人所學亦不外于學其天子之愛敬也。故自天子以至於庶人各於其所爲職事則自雖有貴賤大小廣狹之差等然其愛敬以貫之一也。是以此心圖以天子章愛親者不敢悪於人敬親者不敢慢於人之語爲主本學者太極之全體大用於是可見。夫子一以貫之旨亦豈外于是乎、愛身。

親愛親及萬民之身也。

敬心。

重敬親及萬民之心也。夫愛根天性之自然而不可作爲也。故謂之至德。敬發人情之當然可以下手也。故謂之要道。是以講此心圖者宜先從左說出以說至於右也。

恭擧知慮。

言事明師。交良友。誦聖經。讀賢傳。知己之知慮之昏淺而恭謙之。知人之知慮之明遠而擧先之重敬父母及萬民之心而使之歡喜悅樂也。

尊賢道愚。

其序也。賢者其知明其慮遠可以敬其心尊其思愚者雖其知昏其慮淺然其性固至善。故喻之道之則可以至於其愚亦明其柔亦强也是以道之喻之亦正所以尊敬其心思也。而其尊賢是學之事而道愚亦是學之事也。書曰惟敎學半是也。夫學始格致終治平。物有本末事有終始。身本而天下末也。心本而身末也。天地本而人末也。故人能知其本則其末自可知而已矣易曰天地之大德曰生。天地以生生爲心故人亦以愛愛爲心。是以人皆如見赤子之入井及視人之臨深登高其心自怵惕惻隱是所謂不忍之心也。是以其不忍之心與天地生物之

心一也。故我心怵惕則天地之心亦怵惕。天地
之心怵惕則我心亦怵惕。是所以天地人本一
體一理也。況於父子兄弟豈不一體一理乎。是
以知今我事父母孝。事君忠。以能行其我愛人
之心。是莫異於我代父母而行其父母愛人之
心也。然則聖賢千言萬語百行萬善亦豈外于
知此愛人之心而行此愛人之心乎。故曰。

學問知愛之心忠孝行愛之心

孝有偏言專言之說。前圖口義詳之。學亦有偏
言專言之說。學而不思則罔。思而不學則殆。是
偏言則一事也。博學審問愼思明辨篤行廢此
一非學也。是專言則兼五者也。夫既積學問之

功致明遠之知以知覺父母及萬民之心不外
于此愛人之心脩和中之德力忠孝之行以代
父母及萬民之身施行其父母及萬民愛人之
心是雖不每事問其父母及萬民之心思然是
所以無異於每事問其父母及萬民之心思以
擧先其父母及萬民之知慮以尊敬也夫如斯
自天子以至於庶人各致其知力其行以辨其
宜以執其中明遠以禦昏淺和中以備邪僻使
昏淺者明遠使邪僻者和中是其事雖有貴賤
大小廣狹之異然所以

皆

能於重

敬父母之心。

而使之歡喜悅樂也。而重敬其父母之心使之歡喜悅樂之實。莫急儉讓衣食也。

儉讓衣食。

言知父母愛人之心。行父母愛人之心儉約已之衣食之有餘。以讓與於人之衣食之不足親愛父母及萬民之身。而使之飽煖安逸也。

養老恤孤。

其序也。老者齒高德大可以愛其身養其體孤者無父母無兄弟可以惠其困恤其窮也。而自天子以至於庶人雖其職各異其業各差然能盡其職勤其業則於養之恤之以使萬民飽煖一也。如夫以此心圖，論則天子之愛敬仁也。諸侯之學問知也。大夫之忠孝行也。士之斂戟助也。庶人之農桑達也。諸侯知天子之仁。大夫行天子之仁。士助天子之仁。庶人達天子之仁。謂之五等之職業。是雖其職各異，其業各差，然所以於其養之恤之，以使萬民飽煖一也。天子之職當仁之地。諸侯之職當知之地。大夫之職當行之地。士之職當斂戟之地。庶人之職當農桑之地。諸侯學問以知天子之仁。大夫忠孝以行天子之仁。士斂戟以助天子之仁。庶人農桑以達天子之仁。

斂戟防敵之藝，農桑養體之業。

夫既熟斂戟之藝，嚴軍旅之備，以防父母及萬民之賊敵，勵農桑之業，急旱潦之禦，以養父母

及萬民之口體是所以士助天子之仁庶人違
天子之仁也而其爲士者雖躬親不耕蠶然能
勤勞其職事則國天下莫賊敵之患而農桑之
業盛行衣食可以足也如夫無藝備之勤勞則
賊敵與起而父母君長可以及於危難也當時
雖衣食有餘然父母君長何以得飽煖安逸乎
是士雖不躬自耕蠶然是所以無異於躬自耕
蠶而讓與衣食於父母及萬民以愛養也工商
樵漁之徒亦然且於其天下所不禁之職設雖
爲異端之輩然亦能守其分盡其職以勤其業
則雖不躬自耕蠶然又是當其所以讓與衣食
於父母及萬民以愛養一也是爲汎論儉讓之理故其言及於是

耳。如夫有志者豈安其異端之地而可乎。夫如斯。自天子以至於庶人各守其分盡其職。以勤其業積倉以禦旱潦干戈以備防伐。使飢寒者飽煖使危難者安逸是其事雖有貴賤大小廣狹之異然所以皆武中有文文之常農中有兵古之制也今以所主揭之能於親

愛父母之身。

而使之飽煖安逸一也。而親愛其父母之身使之飽煖安逸之基莫要恭舉知慮也。夫天子之至貴至富於養父母一人。何有不足乎。然如桀紂暴虐無道四海困窮天祿永終則欲養父母祭先祖何可得乎。是雖天子然忘其分廢其職

以怠其業。則所以雖父母一人然不能養之也。故孝平章曰孝無終始。而患不及者未之有也。忘其分廢其職以怠其業之禍其如斯。爲人臣子者。豈可不慎恐乎。其既知愛之心行愛之心皆是敬之事而愛之著也。熟斂戟之藝勵農桑之業皆是愛之事而敬之功也。故愛至善之根源而由敬立敬至善之楷模。而由愛行猶地由天行天由地立也。故朱子曰敬則萬善俱在。又曰敬之一字所以聖學之成始成終也。夫愛心之德性而敬行之要路也。故本經以愛爲至德以敬爲要道。是所以示一孝中有根本與枝葉之分也。雖然愛敬本一性中之條理也。唯以次序語之則各有所屬而已矣。猶陰陽本一氣中之條理而以道爲屬陽以器爲屬陰也。易曰形而上爲道形而下爲器是也。凡人之生也陰陽之氣無不稟者。愛敬之性亦無不具者。故曰人

性善

皆至

而其親愛惻怛重敬戒懼之情無息。唯於其氣稟則雖有聖人生知安行。賢者學知利行。學者困知勉強行之差等。然於具備其親愛重敬以成就其齊治平之功業於家國天下揚明王賢相忠臣孝子之名譽於後世以顯父母之德教

於四海之本然一也。而如其不困勉則是自暴自棄也。何可不自尤自責乎。且

神人之性一理

也。人性既有愛人之心。是天地鬼神之性亦本有愛人之心也。是以人能行其愛人之心以孝親忠君則其行合於鬼神愛人之心。而鬼神之歡喜可知也。故應感章曰天地明察鬼神章孝弟之至通於神明光於四海亡所不暨是言明王明知父之心以敬親及萬民之心精察母之行以愛親及萬民之身也。是即所以天之心地

之行明察而天地鬼神之感應章明天下和平災害不生禍亂不作也。如夫自諸侯以至於庶人亦能孝父母弟兄宗廟祭祀致敬盡誠則先祖鬼神之感應著見子孫榮邦家豐也。

温

温則心自存焉是眞之敬也故温則私心邪情自消滅無期待無留在心廣體胖

未發之氣象也。論語曰色思温是也。然程朱常稱未發之氣象而未指言未發之氣象何如也。且小學引呂榮公之語曰後世初學且須理會氣象氣象好時百事是當。氣象者辭令容止輕重疾舒足以見之矣。不惟君子小人於此焉分亦貴賤壽夭之所由定也。是亦不指言其氣象如何也。予故勞心於是有年然論語稱夫子之德曰温良恭儉讓。又曰温而厲。又曰即之也温。詩云温温恭人惟德之基。又曰言念君子温其如玉。是以知未發之氣象是温也。論語又曰子燕居申申如夭夭如。是弟子善形容夫子有温和之氣象處也。夫人温和則以能問於不能以多問於寡有如亡實如虛犯而不校。豈有赫赫然怒以詈言爭等之事乎。或悔或憂之留在亦無有然則視明聽聰喜怒哀樂發而中節。言忠信行篤敬施及蠻貊天地位焉萬物育焉。全得未發之氣象之功其大哉。而其温色也者是即存養之要領而省察在其中省察即絕克改過之事也。之主本而和中遷善之事也。在其中。存養以盛大其愛敬之性省察以擴充其愛敬之情始家邦終四海學問之極功聖人之能事畢矣是此溫字是所以爲此心圖之眼目也夫九思之中思溫是未發身一之工夫而思即戒懼之事也而又中言強恕而行之施得其中也宜言忠告而善導之言得其宜也溫言存心養性之氣象得其溫也濂溪先生曰治天下觀于家治家觀于身而已矣身端心誠之謂也誠心復其不善之動（懲慾萌也）之而已矣不善之動妄也妄復（情約也）則无妄（合於中也）矣无妄則誠（心縱也）焉（已无妄則家人亦无妄也家人无妄則國民亦无妄也）朱子之所謂人之一心湛然虛明如鑑之空如衡之平以爲一身之主者亦在焉謂之也（賢才輔天下治可知）

是即所從溫和之氣象而得也。非躁暴麤厲者能所得也。溫和之氣象其貴哉。子曰發憤忘食有恥也是言朝聞道之志厚也。樂以忘憂思通也是言夕死可之氣象深也。憤樂之心術其甘哉。子曰參乎吾道一以貫之曾子曰唯。是真積力久之功所徵而所謂朝聞道通微也之事夕死可矣至中也之地也。格致誠正脩之効驗其至哉矣。子貢一貫從致知上來曾子一貫從誠意上來其深淺亦於是可見也。學者能博學審問愼思明辨篤行以體心認身明知遠慮以和心中行明知幾微之善惡邪正以舍自罔之病以平和其心術遠慮影響之吉凶禍福以去自欺之病以中庸其德行是即存養省察以絶克之功也。爲人子弟臣屬者皆可以能盡報其君父兄長之禮爲人君父兄長者皆可以能致施其子弟臣屬之誠是此全圖敎誨之要旨而聖賢授受道統之眞也。程子曰天地儲精得五行之秀者爲人。其本也眞而靜。其未發也五性具焉。仁爲之主。故其色自溫於嬰兒可見之學者要不失此氣象。如能不失此氣象則其知自明其行自篤。是學者用力之始而致知力行之基本也。○于時嘉永元年戊申猛夏口義挾旣成自以爲此書畧得其要而未知日用細密下手之法。是以辭陶日久須讀程子易傳益知周子通書擧其要程子易傳終詳其理學者宜研究程傳是聖學之規矩準繩而爲學者日用細密處事之定法也。如讀之以及詩書禮春秋則其理斷然明白可知也。予嘗稱孝經之爲易。今始知易之爲孝經餘不待言。然則論語學一字亦是非學易而何乎。

孝經圖口義畢

孟子曰鷄鳴而起孳孳爲善行不怠於是
而已矣子貢曰賢者識其大者不賢者識
其小者學集而大成之而已矣子曰我欲
仁斯仁至矣心全此德而已矣夫孝以思
父母不措爲下手之始昏定晨省次之睿
爲聖是其極學有以效爲學有以博爲學
知天盡性是其極心以樂爲至極君子坦
蕩蕩仰不怍俯不怍孔曾思孟是其人。

作者及版本

中江藤樹(一六〇八—一六四八),字惟命,諱原,通稱右衛門,號嘿軒。據説其宅前有藤木樹,故而門人稱其藤樹先生。藤樹出生于近江國高島郡(即現在滋賀縣高島郡安曇)。寬永二年(一六二五)十七歲那年,第一次聽了《論語》講座後,購《四書大全》開始自學朱子學。身爲武士,欲以儒學立業,矛盾重重,二十七歲那年,爲孝養母親,棄武士歸鄉里,以賣酒維持生計。專心學問,著《論語鄉黨啟蒙翼傳》《翁問答》《孝經啟蒙》等。有著名門生熊澤蕃山。明治後被視爲孝的楷模。作品彙爲《藤樹先生全集》(共五册)。

《孝經啟蒙》爲四孔線裝和式刻本。書高十九厘米,共一册。本書收入花房文庫出版的「甘雨亭叢書」中,爲第五集第一卷。正文前收安中城主板倉勝明子赫撰寫的「藤樹中江先生傳」一篇,共六頁。每頁九行,每行二十一個字。正文的排列行數位數與傳文排列格式相同,但正文天頭偶有注文。字跡清晰,便於閱讀。正文後附有藤樹傳作者勝明於弘化紀元年寫作的簡短跋文。

貝原存齋(一六二三—一六九五),名回道,字子善,通稱十太夫。爲貝原寬齋的第三子,著名儒家學者貝原益軒的兄長。早年爲築前福岡藩士,後爲江户藩主嗣子的家教,寬文年間爲秋月學館教授。著作還有《存齋遺集》。

《孝經纂注》爲四孔線裝和式刻本。書高二十七厘米,全一册。封面題簽貝原先生注本孝經纂注全。正文之前有孝經總論一篇,正文孝經爲朱文公較定,貝原元端纂注。正文每頁十行,每行二十四個字。孝經原文頂格排印,注文下空一格排列,每行二十三字。字裡行間有細小訓讀符號,無蟲蛀,字跡清晰,易於辨認。雖有訓點符號,但不礙閱讀。

朝川善庵（一七八一—一八四九），名鼎，字五鼎，號善庵，出生于江户，爲片山兼山幼子，兩歲時生父去世，母親改嫁朝川氏，便以朝川爲姓。十二歲學於山本北山，引人矚目，後隨養父遊學于京都、大阪，足跡遍布長崎、肥後、薩摩及九州。弘化三年（一八四六）謁見將軍。著作甚豐，除了《古文孝經私記》之外，還有《大學原本釋義》一卷、《孝經定本》一卷、《荀子述》一卷、《仁義略説》義卷、《濟時七策》一卷、《鄭將軍成功傳》一卷、《田原地方紀原》二卷、《樂我室詩文稿》四卷、《樂我室遺集》二卷、《善庵隨筆》三卷等。

《孝經私記》爲四孔線裝和式刻本。書高二十六厘米。共上下兩册。封面題簽脱落。正文目録前收兩篇短文，一篇爲山本北山撰於文化六年（一八〇九）的序文，另外一篇是署名佐藤坦作於文化七年（一八一〇）十一月關於朝川的小記。文後爲目録。上下兩卷，上卷收古文考、古文孝經考、朱子古文孝經刊誤辨、姚際恒古今僞書考辨、吴澂孝經章句辨、孔安國傳孝經辨、鄭玄注孝經考、劉炫古文孝經述義考、章名辨、古今文各有二本考；下卷收有道德辨、至德要道解、孝者德之本解、身體髮膚不敢毀傷辨、天子論、庶人章辨上、庶人章辨下、孝天之經地之義民之行辨、曾子敢問章辨、天地論、禮樂論、閨門章辨上，閨門章辨下。無蟲蛀，字跡清晰，便於閲讀。

藤原隆都，生卒、事跡不明。

《孝經攝字注》爲四孔線裝和式刻本。書高二十七厘米，共一册。封面題簽爲古文孝經攝字注全。内封印有太平餘澤、孝經攝字注、視如齋藏梓的字樣。全書收《孝經攝字注》上下、《孝經圖》和《孝經口義》三種内容。《孝經攝字注》上，收藤原隆都本人於嘉永三年（一八五〇）撰寫的《孝經序》。之後爲《孝經》全文，之後爲一篇草書短序。短序之後是藤原隆都本人於天保十年（一八三九）十二月十二日題識的《古文孝經攝字注序》。序之後爲十五條《古文孝經攝字注凡例》。凡例之後是《古文孝經攝字注》上下卷，之後爲《孝經圖》、最後是《孝經圖口義》。無蟲蛀，字跡清晰，便於閲讀。